J. PÉTRÉAUX

CHANSONS

D'UN

SOLITAIRE

DEUXIÈME VOLUME

PARIS

Chez l'Auteur, 4, rue de la Pompe

1899

Tous droits de traduction et de reproduction réservés.

CHANSONS

D'UN

SOLITAIRE

DU MÊME AUTEUR :

Chansons et Poésies

Un volume in-8º. — 1890

Chansons et Poésies

NOUVELLE ÉDITION AUGMENTÉE

Un volume in-18. — 1894

Notice sur Bohain

Un volume in-18, avec gravures. — 1897

J. PÉTRÉAUX

—

CHANSONS

D'UN

SOLITAIRE

—

DEUXIÈME VOLUME

PARIS

Chez l'Auteur, 4, rue de la Pompe

—

1899

Tous droits de traduction et de reproduction réservés.

ERRATA

La Flotte Russe a Toulon, page 14, aux 7ᵉ et 15ᵉ vers, au lieu de : Russe, lire : *Russes*.

Il faut aimer ses amis tels qu'ils sont, page 50, au 2ᵉ vers, lire :
  Que ne fut-il *plus tôt* imaginé.

Les Chirurgiens, page 98, au 4ᵉ vers, lire :
  Lymphatique ou scrofuleux.

Je m'en irai sans avoir rien compris, page 116, au 13ᵉ vers, lire :
  Tu tes voilé dans des *ombres* confuses.

Les Saints de la Cathédrale de Reims, page 167, au 12ᵉ vers, lire :
  Vous *jugerez* bientôt qu'il n'en est rien.

Monseigneur l'Évêque en tournée pastorale, page 181, au 8ᵉ vers, lire :
  Répond : tout cela vient d'un rabâcheur.

TABLE DES MATIÈRES

	au lieu de : Pages	Lire
Échalié (Jules) et ses médecins	257	275
Un jeune homme présenté	563	263

PRÉFACE

Dans la préface de mon volume « Chansons et Poésies » paru en 1894, j'ai expliqué les idées qui m'avaient guidé au moment de sa publication, comme dans tout le cours de mon existence.

Le présent recueil a été écrit dans les mêmes vues. De ces chansons nouvelles, presque tous les airs sont anciens. Dès lors, elles ne seront point portées sur les ailes du vent et de la fantaisie, dans le grand public qui fait les renommées. Elles sont plutôt à dire qu'à chanter. Feraient-elles plaisir à la lecture ? Sont-elles bonnes, ou médiocres, ou tout à fait mauvaises ? Il m'est impossible d'en juger.

Je suis cependant bien tranquille sur le sort qui leur est réservé. Si j'ai exprimé une pensée juste en une forme à peu près suffisante, il en restera quelque chose.

Quoi qu'il en soit, qu'elles aient ou non un avenir, qu'elles se gravent dans la mémoire ou dorment dans les rayons des bibliothèques, je suis sûr de n'être pas oublié, puisque je n'ai pas été connu.

J. PÉTRÉAUX.

CONSEILS

A UN JEUNE CHANSONNIER

Mon cher enfant, il faut que je t'éclaire
Puisque tu viens me demander conseil ;
A notre époque, on lutte, on s'exaspère :
On veut se faire une place au soleil.
L'ambition est chose légitime.
Le dernier peut être un jour le premier.
Sache, en montant, garder ta propre estime,
Et tu seras un gentil chansonnier.

Respecte assez la muse qui t'inspire
Pour ne jamais l'obliger à déchoir ;
Dans cent sujets choisirais-tu le pire,
Le public n'est pas, après tout, si noir.
Il peut avoir parfois le goût étrange,
Mais à ce goût dois-tu sacrifier ?
Détourne-toi de qui cherche la fange,
Et tu seras un gentil chansonnier.

Pour la discorde il n'est que trop de pommes.
N'imite pas les écrivains haineux
Dont le bonheur est d'irriter les hommes,
Les forçant presque à se manger entre eux.
Toi, souriant, tu peux leur montrer comme
C'est bon d'aimer, reposant d'oublier ;
Sur les esprits amers répands le baume,
Et tu seras un brave chansonnier.

Ne sers que les belles et nobles causes.
Ne cherche point le succès à tout prix.
La poésie a des champs pleins de roses :
Béranger et Nadaud n'ont pas tout pris.
Pour qu'un rayon de gloire pure effleure
Ton front que doit parer le vert laurier,
Fais toujours mieux et sache attendre l'heure,
Et tu seras un maître chansonnier.

Et s'il t'arrive, en un jour de génie,
De faire un chant non encore entendu,
Puissant d'idée et riche d'harmonie,
Tel qu'on le sent par la France attendu ;
Pour avoir su t'élever au sublime,
Émerveillé, ravi, le peuple entier
T'acclamera d'un accord unanime,
En te sacrant grand maître chansonnier.

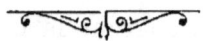

ERNEST CHEBROUX

ET LE ROSSIGNOL

Le Rossignol me demandait
Ce qui retardait ta venue ;
Comme un confrère qu'on salue,
En frémissant il t'attendait.
Il chante encor, mais il est triste
    Le merveilleux artiste.

C'est qu'entre ton chant et le sien
Il veut savoir la différence :
As-tu plus que lui de science ?
Es-tu plus grand musicien ?
Il chante encor, mais il est triste
    Le merveilleux artiste.

Tu sais qu'il est poète aussi.
Exprimes-tu mieux la nature
En un plus suave murmure ?
Délivre-le d'un tel souci.
Il chante encor, mais il est triste
    Le merveilleux artiste.

Le Poète et le Rossignol
Ont été créés pour s'entendre :
Ainsi ne te fais plus attendre,
Pour ce beau pays prends ton vol.
Ne laisse pas plus longtemps triste
Le merveilleux artiste.

NOUVEAUX VENUS

DANS LA COMMUNE

—

Air de *Cadet Roussel*.

Vous êtes des nouveaux venus   *bis*
Et les gens vous sont inconnus ;   *bis*
Sans passer pour une bavarde,
Je veux sur eux vous mettre en garde :
Ah ! ah ! je sais tout voir,   ⎞
Tout écouter pour tout savoir. ⎠ *bis*

Et comme j'ai des yeux de lynx   *bis*
Et l'esprit délié d'un sphynx,   *bis*
J'ai deviné qu'on se lutine
Chez le voisin et la voisine :
Ah ! ah ! je sais tout voir,   ⎞
Tout écouter pour tout savoir. ⎠ *bis*

Il est un de nos habitants, *bis*
Marié depuis bien longtemps, *bis*
Qui trouve que c'est trop d'ouvrage
De consommer son mariage.
Ah ! ah ! je sais tout voir, } *bis*
Tout écouter pour tout savoir. }

Ce jeune homme veut s'amuser, *bis*
Mais l'argent finit par s'user ; *bis*
Une chose le désespère :
Il ne voit pas mourir son père.
Ah ! ah ! je sais tout voir, } *bis*
Tout écouter pour tout savoir. }

Je sais qui possède l'argent, *bis*
Qui trouve à tondre l'indigent, *bis*
Qui déshonore sa famille !
Qui ne mariera pas sa fille !
Ah ! ah ! je sais tout voir, } *bis*
Tout écouter pour tout savoir. }

Je reviendrai de temps en temps *bis*
Vous parler des gens méritants *bis*
Qu'il est de bon ton qu'on fréquente,
N'ayant pas la langue méchante.
Ah ! ah ! je sais tout voir, } *bis*
Tout écouter pour tout savoir. }

LA FLOTTE RUSSE A TOULON

13 OCTOBRE 1893

(Voir note n° 1, à la fin du volume).

Riposte du Roi Humbert

Le brave Humbert est tout déconcerté.
Quoi ! la Russie en France avec sa flotte !
Est-ce un défi qui lui serait jeté ?
Entre divers projets son âme flotte.
A riposter il ne sera pas long !
Ainsi faisaient tous les grands capitaines :
Si Carnot voit les Russes à Toulon,
Il ira voir la flotte anglaise à Gênes.

Sachons d'abord ce que Guillaume Deux
Va décider d'une pareille audace ;
Nous avions cru le Czar moins belliqueux.
Mon fils à Metz ! c'était une menace.
Mais il suffit de montrer de l'aplomb
Et nous glaçons tout le sang de leurs veines.
Si Carnot voit les Russes à Toulon,
Il ira voir la flotte anglaise à Gênes.

François-Joseph est un pauvre Empereur,
Bien fatigué, que l'âge a rendu tiède ;
Jamais il n'a le ton provocateur,
Il ne sait pas se montrer un peu raide.
Approuve-t-il ? blâme-t-il ? c'est selon.
Qu'il prenne enfin des mesures certaines.
Si Carnot voit les Russe à Toulon,
Il ira voir la flotte anglaise à Gênes.

Mais Humbert peut agir seul au besoin.
Autrefois Rome a possédé le monde.
En Italie, on se souvient de loin ;
En l'avenir on a la foi profonde.
Croit-on qu'il n'ait que des soldats de plomb ?
Ses cuirassés sont-ils des ombres vaines ?
Si Carnot voit les Russe à Toulon,
Il ira voir la flotte anglaise à Gênes.

LA FLOTTE RUSSE A TOULON

(Voir note n° 2, à la fin du volume).

Guillaume à François-Joseph. — Télégramme

adressé de Teschen.

François-Joseph, ton hospitalité
Bien hautement doit être proclamée.
Je suis content de toi, de ton armée ;
Comme seul chef, tous vous m'avez traité.
Mais je suis triste et je dois te le dire :
 Nos ennemis sont fort inquiétants.
Je crains d'avoir laissé passer le temps ;
Ce doute-là me prend et me déchire.

 Je n'ai pu faire aller plus vite Humbert :
On sert si mal ce roi dans l'indigence.
J'eus beau montrer à ses yeux la Provence,
Il faut de l'or pour acheter du fer.
Son peuple crie et vit comme en délire ;
Ses généraux sont tous des capitans.
Je crains d'avoir laissé passer le temps ;
Ce doute-là me prend et me déchire.

Je crois Humbert homme de bonne foi,
Son intérêt veut la Triple-Alliance ;
En ses soldats j'ai moins de confiance :
Pour leur Trieste ils n'en veulent qu'à toi.
Si nous allions être leur point de mire,
 Dans le danger les trouver hésitants ?
Je crains d'avoir laissé passer le temps ;
Ce doute-là me prend et me déchire.

Le souvenir d'un grand bienfait reçu
L'avait aigri jusques à la souffrance ;
Il était bon pour insulter la France
Suivant le plan que nous avions conçu.
Mais, à Paris, on a semblé lui dire :
Pourquoi japper ? attaque donc ! j'attends !
Je crains d'avoir laissé passer le temps ;
Ce doute-là me prend et me déchire.

Il eût fallu décider tout d'un coup
Qu'à l'instant même on entrerait en France.
Elle était seule alors et sans défense !
La prendre à l'est, au nord, au sud, partout !
A trois contre un on y pouvait suffire
Et dépecer ses membres palpitants.
Je crains d'avoir laissé passer le temps ;
Ce doute-là me prend et me déchire.

Et maintenant qu'on s'embrasse à Toulon,
Notre alliance est aux trois quarts détruite ;
L'Italie est au bord de la faillite.
Essaierons-nous de la sauver ? oh ! non.
Pour ses retards nous devons la maudire !
A trop l'attendre on manque les instants.
Je crains d'avoir laissé passer le temps ;
Ce doute-là me prend et me déchire.

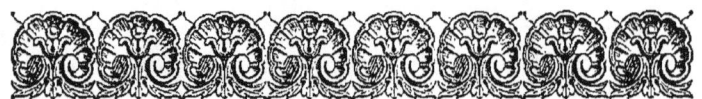

LA FLOTTE RUSSE A TOULON

(Voir note n° 3, à la fin du volume).

Reponse de François-Joseph à Guillaume

C'est un malheur de voir ce que l'on fit
Avec effort rester sans récompense.
Quoi ! tant de soins, de soucis, de dépense,
Et n'en pouvoir tirer aucun profit !
Nous escomptions la guerre réussie,
Chacun de nous déjà prenait sa part ;
Et tu le vois, Guillaume, il est trop tard,
Car la France est unie à la Russie.

C'est ton Bismarck, ce génie incomplet,
Qui nous a fait commettre la folie
D'une alliance avec cette Italie,
Que nous traînons au pied comme un boulet.
Combien de fois sa force d'inertie
Nous obligea d'ajourner le départ !
Pour notre plan, Guillaume, il est trop tard,
Car la France est unie à la Russie.

Oh ! je sais bien qu'elle m'en veut, au fond.
Fallait-il pas que je rende Trieste !
C'est pour cela qu'entre ses mains tout reste
Et dépérit, se perd et se confond.
Mais je regrette encor la Vénétie,
Le Milanais et le pays Lombard.
Pour notre plan, Guillaume, il est trop tard,
Car la France est unie à la Russie.

Si tu voulais, en moins de quinze jours,
Pour tous les maux dont Humbert est la cause,
Pour les périls auxquels il nous expose,
Et pour le vent hâbleur de ses discours,
Nous prendrions à deux sa Monarchie.
Nous rentrerions vainqueurs de quelque part.
Pour notre plan, Guillaume, il est trop tard,
Car la France est unie à la Russie.

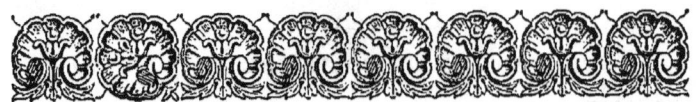

LES PLAINTES

D'UN MARCHAND DE VIN

Musique de C. Collin.

Il est des gens qui font fortune
Lestement, en un tour de main ;
J'en pourrais bien aussi faire une,
Mais cela mérite examen.
C'est le scrupule qui m'arrête,
Car la conscience est un frein ;
C'est bien malheureux d'être honnête
Lorsque l'on est marchand de vin.

Ici près, l'un de mes confrères
N'a que des vins mixtionnés ;
Je lui vois faire des affaires
Qui me passent devant le nez.
Il sait composer sa piquette
A tromper le goût le plus fin.
C'est bien malheureux d'être honnête
Lorsque l'on est marchand de vin.

Ça me fait éprouver des peines
De voir débiter ces poisons
Qui feront couler dans les veines
La mort des générations.
Mais aussi son affaire est faite.
Il a toujours été malin.
C'est bien malheureux d'être honnête
Lorsque l'on est marchand de vin.

Il a marié ses trois filles,
Et son fils sera magistrat ;
Ça fera de grandes familles,
De futurs conseillers d'État.
Et moi, j'aurai l'âme inquiète,
Et tout mon travail sera vain.
C'est bien malheureux d'être honnête
Lorsque l'on est marchand de vin.

Comme lui faut-il que je fasse ?
Mais j'ignore quels ingrédients
Il fait entrer dans la mélasse
Qui lui valut de si grands biens.
Et le voilà toujours en fête !
Il passe écrasant son voisin.
C'est bien malheureux d'être honnête
Lorsque l'on est marchand de vin.

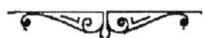

LES PLAINTES

DES VICAIRES DE PARIS

(Voir note n° 4, à la fin du volume).

AIR : *Trou la la.*

L'Archevêque de Paris
Est peut-être un peu surpris ;
Ses vicaires murmurants
Se plaignent des concurrents.
  Est-ce afin
Que tous nous mourions de faim ? } *bis*

Dans le diocèse il est
Des curés que l'intérêt
Aveugle sur les dangers
D'occuper les étrangers.
  Est-ce afin
Que tous nous mourions de faim ? } *bis*

Nous recevons dans nos murs
Les hommes les plus impurs.
Ils sont venus de partout ;
On en a jusqu'au dégoût.
  Est-ce afin
Que tous nous mourions de faim ? } *bis*

On fait prier au rabais
L'Allemand, le Polonais
Et même l'Italien.
Pour nous que reste-t-il ? rien.
  Est-ce afin
Que tous nous mourions de faim ? } *bis*

Il est temps que nous traitions
Tous ces gens-là comme espions
Par leurs maîtres envoyés
Et des deux côtés payés.
  Est-ce afin
Que tous nous mourions de faim ? } *bis*

Voulez-vous que nous vivions ?
Monseigneur, nous vous prions
D'ordonner que ces farceurs
Aillent chanter messe ailleurs,
  Pour qu'enfin
Nous ne mourions pas de faim ? } *bis*

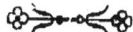

LA MORT D'HIPPOLYTE RAULLOT

(Voir note n° 5, à la fin du volume).

—

Nous sommes tous des condamnés.
La mort, de chansonniers avide,
Dans nos rangs voulant faire un vide,
T'enlève aux amis consternés.
Ah ! c'est trop tôt cesser de vivre.
Avais-tu terminé ton livre ?
Avais-tu dit ton dernier mot ?
Pauvre Raullot, ami Raullot !

De nos cœurs il s'échappe un cri
Quand il faut qu'un des nôtres meure ;
Ici chacun gémit et pleure.
Ensemble nous avons tant ri !
Parfois, ta pensée orageuse,
Dans sa verve tumultueuse,
Passait en grondant comme un flot.
Pauvre Raullot, ami Raullot !

Certes, tu haïssais le mal,
Mais tu n'en voulais à personne ;
Le poète, quand il chansonne,
Ne fustige qu'en général.
Ta Muse était douce, au contraire,
Et l'humble en toi trouvait un frère,
Toi, dont l'esprit était si haut !
Pauvre Raullot, ami Raullot !

Ce que ton œuvre deviendra,
C'est le temps seul qui peut le dire ;
Mais la Libre-Pensée attire,
Et l'avenir te comprendra.
Sur ton nom si la gloire tombe,
Feu follet dansant sur ta tombe,
Ou simple lueur d'un falot,
Dors satisfait, ami Raullot !

PAS SI BIEN QU'EN ANGLETERRE

A *Etienne Ducret*.

Tous les gens ayant voyagé
Savent que plus d'un préjugé
S'évanouit à la frontière ;
C'est ainsi qu'on apprend qu'en rien
Nous ne savons faire aussi bien
      Qu'en Angleterre.

Ils ont la pluie et le brouillard.
Dans la rue on marche au hasard,
En aveugles, sous la gouttière ;
C'est le paradis Londonien.
En France, il ne pleut pas si bien
      Qu'en Angleterre.

Les Français sont prétentieux.
Ils croient leurs vins délicieux ;
Là-bas, ils ont le gin, la bière :
De boire autant qu'eux pas moyen.
Nous ne nous grisons pas si bien
      Qu'en Angleterre.

On sait que leurs pickpockets ont
Beaucoup d'audace, leurs mains sont
D'une adresse particulière ;
C'est un art de magicien !
Nous ne dérobons pas si bien
    Qu'en Angleterre.

Voyez leur Jacques l'éventreur !
De sa nation c'est l'honneur !
Elle en est très justement fière !
Quel coup de couteau que le sien !
Nous n'assassinons pas si bien
    Qu'en Angleterre.

Rendons justice à qui de droit ;
Entre bons voisins on le doit.
Je comprends qu'elle soit altière
Et même raide en son maintien.
Nous ne faisons rien aussi bien
    Qu'en Angleterre.

CONSEILS D'UNE MÈRE A SON FILS

—

Puisque tu sais tenir la plume
Et possèdes l'invention,
Tâche de faire un beau volume,
Genre de l'*Imitation*.
Mêle à tes histoires morales
Quelques jolis petits scandales
Afin qu'on lise ton roman.
  — Oui, maman.

Fils pieux de mère pieuse,
Laisse comprendre que le but
N'est pas d'avoir la vie heureuse
Mais bien de faire son salut.
Montre les filles les mieux nées,
Dans leurs amours passionnées,
Prêtes pour le renoncement.
  — Oui, maman.

Étends-toi sur l'amour mystique,
Dis-en le charme et la douceur,
Celui que sent l'âme angélique
En adorant Notre Seigneur.
L'amour humain, même l'honnête,
Qui nous fait pareils à la bête,
Ravale misérablement.
  — Oui, maman.

Les consciences obscurcies
N'iront pas trop loin dans le mal ;
Les pécheresses endurcies
Sauront garder un idéal.
Arrange-toi pour qu'on les voie
Toutes cherchant la bonne voie,
Se convertir au dénoûment.
  — Oui, maman.

CANONISATION DE MAJELLA

(Voir note n° 6, à la fin du volume).

—

Air : *Trou la la.*

Le Pape au Conseil entra,
Sitôt chacun l'adora ;
Dans ses beaux grands yeux en feu
Brillait un reflet de Dieu.
      J'ai dessein,
Nous dit-il, de faire un Saint. } *bis*

Il s'agit de Majella ;
Votre enquête est-elle là ?
Délibérons au plus court.
Dites le contre et le pour.
      J'ai dessein,
Nous dit-il, d'en faire un Saint. } *bis*

Racontez comment il fut
Rédemptoriste et mourut,
Des gens de bien regretté,
En odeur de Sainteté.
      J'ai dessein,
Nous dit-il, d'en faire un Saint. } *bis*

Il attend depuis cent ans !
Et c'est vraiment trop longtemps.
Les fidèles sont surpris.
Pas encore au Paradis ?
  J'ai dessein,   } *bis*
Nous dit-il, d'en faire un Saint.

Qu'importe ce qu'il a fait !
Eût-il commis un forfait,
Il n'est plus personne là
Pour accuser Majella.
  J'ai dessein,   } *bis*
Nous dit-il, d'en faire un Saint.

Qu'il laisse l'obscur séjour !
Qu'il apparaise au grand jour
Dans le ciel qui resplendit !
Je le veux ! Dieu m'obéit !
  Mon dessein   } *bis*
S'accomplit ! je le fais Saint.

Répandez donc en tout lieu
Que je suis bien avec Dieu,
Qui même est mon obligé ;
Qu'il doit m'exaucer quand j'ai
  Le dessein   } *bis*
De créer un nouveau Saint.

Car je suis la foi, la loi,
Et tout m'est soumis, à moi !
Comme on l'a vu si souvent.
Soyez certains que, suivant
    Mon dessein,
Je vous damne ou vous fais Saint. } *bis*

LES PLAINTES DE CALINO (1)

Air de *Cadet Roussel.*

Dans mon bon temps, j'ai constaté *bis*
Que, ne m'ayant pas consulté, *(bis)*
Dieu commit une erreur profonde,
A la création du monde ;
    Je suis encore frappé
Quand je vois comme il s'est trompé. } *bis*

Jadis, j'avais toujours trop chaud,
Mon front était ruisselant d'eau,
Et, gêné par ma chevelure,
Je demandais de la froidure :
    Vraiment, je suis frappé
Quand je vois comme il s'est trompé.

Maintenant, hélas ! mes cheveux
S'en vont lorsque j'ai besoin d'eux ;
Et mon pauvre crâne se pèle,
A mesure que je me gèle :
    Vraiment, je suis frappé
Quand je vois comme il s'est trompé.

---

(1) Voir la chanson : *Le Jugement de Calino*, page 16 de la 2ᵉ édition du 1ᵉʳ volume.

Quand avons-nous de bonnes dents ?
N'est-ce pas quand, sans accidents,
L'estomac prend tout et digère,
Met les aliments en poussière ?
    Vraiment, je suis frappé
Quand je vois comme il s'est trompé.

Mais quand l'estomac, dévoyé,
Ne veut plus rien que bien broyé,
C'est là que nos dents se déchaussent,
Que compagnie elles nous faussent :
    Vraiment, je suis frappé
Quand je vois comme il s'est trompé.

J'avais des jambes pour aller,
J'avais la langue pour parler,
Et tout à la fois se retire ;
Je reste et ne sais plus que dire :
    Vraiment, je suis frappé
Quand je vois comme il s'est trompé.

Mon Dieu ! ce que nous demandons,
C'est que tu réserves tes dons
Pour quand sur nous fond la vieillesse,
Puisqu'on a tout dans la jeunesse ;
    Qu'on ne soit plus frappé
De voir comme tu t'es trompé.

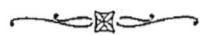

A LA MÉMOIRE DE NADAUD

(Voir note n° 7, à la fin du volume).

Des régions supérieures,
Où notre ami s'en est allé,
Il nous voit vivre en nos demeures,
A nos plaisirs il est mêlé.
Chebroux, le chansonnier aimable,
A pris sa place à notre table ;
Nadaud n'est plus au rendez-vous,
Mais son esprit plane sur nous.

Il est rayonnant dans la gloire,
Et plus grand depuis qu'il est mort ;
Une statue à sa mémoire
S'érige là-bas, dans le nord.
Et Paris, qui garde sa cendre,
Rêve des honneurs à lui rendre,
Aux acclamations de tous.
Oui ! son esprit plane sur nous.

Oui, qu'il se dresse dans la nue !
Car ses vers dureront autant
Que le bronze de sa statue,
Ses beaux vers que nous aimons tant !
C'était un Dieu ! nous, ses prophètes.
Nous l'invoquerons dans nos fêtes
Notre culte lui sera doux.
Son esprit planera sur nous.

NON, JAMAIS !

Air : *Voltigez, hirondelles* (Félicien David).

Ma fille, pleure et prie.
Il est mort, tu l'aimais.
Sous la douleur on plie,
Puis enfin l'on oublie...
 — Non, jamais ! (*ter*)

Pour l'âme en défaillance
Le temps a des bienfaits ;
Il endort la souffrance,
Relève l'espérance...
 — Non, jamais !

Au lieu des portes closes,
Du deuil, où tu te plais,
Laisse les sombres choses,
Tourne-toi vers les roses...
 — Non, jamais !

La vie est encor belle.
Tu te réfugierais
Dans une amour nouvelle
Et renaîtrais en elle...
— Non, jamais !

Et moi, ta pauvre mère,
Heureuse je verrais
Finir ta peine amère,
O mon enfant si chère...
— Non, jamais !

LES PLAINTES DU PHARMACIEN

Air : *On dit que je suis sans malice.*

Au pharmacien, sur sa porte,
Je m'enquiers comment il se porte ;
Il me répond tout inquiet :
D'être gai je n'ai pas sujet.
Je ne sais point où nous conduisent
Les médecins qui stérilisent
Les microbes et les virus,
Mais les affaires ne vont plus !

En ce moment on revaccine,
C'est une mode qui domine ;
Il n'est pas un seul médecin
Osant sortir sans son vaccin.
Ainsi la petite vérole
Ne donnera plus une obole.
Voilà les dangers disparus !
Mais les affaires n'iront plus.

Je vous demande, en conscience,
A quoi sert toute leur science ?
Il valait mieux laisser aller
Tous les fléaux et les régler
Pour en tirer le bénéfice.
Vous guérissez ! belle malice !
Vous tranchez net tous les abus !
Mais les affaires n'iront plus.

Voyez au comptoir mes élèves,
Leur esprit se perd dans les rêves ;
Ils sont là tous, les bras ballants.
Qu'attendent-ils donc ? les clients.
Qu'ils étaient beaux, les jours de presse !
Souples, actifs et pleins d'adresse,
Naguère encor je les ai vus.
Mais les affaires ne vont plus.

Les médecins ne s'aperçoivent
Pas qu'en ce moment même ils boivent
Jusqu'à l'ivresse le succès :
L'art de guérir est en excès.
A tuer le mal en son germe,
Leur avenir aussi se ferme ;
Je les ai cent fois prévenus
Que leurs affaires n'iraient plus.

L'HOMME ET LE LOUP

C'était au fond de la forêt,
A l'heure des clartés mourantes ;
Entouré de bêtes errantes,
Un loup affamé discourait.
Vous savez comme on nous renomme ;
Nous sommes traqués de partout !
L'homme dit : Prenez garde au loup !
Nous, frères, prenons garde à l'homme.

Pour un mouton que nous mangeons,
Il en reste encor plus de mille.
Toute proie est au plus habile,
Allons en prendre. Partageons :
Faut-il que lui seul les consomme ?
Écoutez-le, c'est à lui tout.
L'homme a dit : Prenez garde au loup !
Nous, frères, prenons garde à l'homme.

Son droit est celui du plus fort.
Nous, c'est la ruse qui nous venge.
Qu'importe au mouton qui le mange !
L'homme ou le loup : voilà son sort.
Sommes-nous pris, on nous assomme.
Rien que d'y penser le sang bout.
L'homme a dit : Prenez garde au loup !
Nous, frères, prenons garde à l'homme.

Contre notre férocité,
Dans les fusils on met des balles ;
Eux, parfois sont des cannibales,
Eux, qui parlent de leur bonté !
Nous, de vrais agneaux ou tout comme,
Quand nous mangeons à notre soûl.
L'homme a dit : Prenez garde au loup !
Nous, frères, prenons garde à l'homme.

Que nous reproche-t-on, à nous ?
Obligés de tuer pour vivre,
C'est notre instinct qu'il faut bien suivre.
Vous, hommes, comment faites-vous ?
Pas de vains scrupules, en somme,
Qui pourraient nous gêner beaucoup.
L'homme a dit : Prenez garde au loup !
Nous, frères, prenons garde à l'homme.

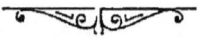

CE N'EST PAS LE MOMENT

Air du *Vaudeville des deux Edmond* (Doche père)
Ou : *Vieux habits, vieux galons* (Béranger).

Les chansonniers qui réussissent
Sont les seuls qui, par goût, choisissent,
Pour faire un fond à leurs couplets,
    De beaux sujets ;
C'est un très bon exemple à suivre.
Ainsi ferai-je pour mon livre,
Quand j'aurai mon commencement...
    Ce n'est pas le moment. *bis*

Quand vient ma maîtresse nouvelle,
Tous mes secrets je lui révèle
Et les dépose dans son sein,
    Jusqu'au matin.
Une heure après, l'ancienne arrive ;
Dans son amour elle est si vive
Que c'est comme un emportement.
    Ce n'est pas le moment. *bis*

Un jour, je fais une visite
Et crois comprendre que j'excite
Chez la dame un tendre intérêt.
   J'étais tout prêt;
Je me déclare... je m'explique...
Mais, justement, une colique
M'oblige à fuir éperdument.
  Ce n'est pas le moment. *bis*

Revenant d'un très long voyage,
Enfin rentré dans mon ménage,
Quel plaisir de me voir choyer,
   A mon foyer !
Soudain, j'entends un cri farouche ;
Horreur ! horreur ! ma femme accouche !
Je fais mon calcul ; ô tourment !
  Ce n'est pas le moment. *bis*

L'espoir que nourrit la jeunesse
D'une existence enchanteresse
Voit s'opposer, à tous instants,
   Des contretemps ;
Les rêves qu'on a dans la tête,
Les belles choses qu'on projette,
Se réalisent rarement.
  Ce n'est pas le moment. *bis*

FERDINAND BRUNETIÈRE

A LA SORBONNE

CONFÉRENCES SUR BOSSUET

AIR : *à Batignolles.*

Quel événement dans Paris !
On en est enchanté, surpris ;
On court, on se presse, on frissonne,
    A la Sorbonne.

Tous les abords sont encombrés
Par des équipages dorés ;
C'est le meilleur monde qui donne,
    A la Sorbonne.

Le vestibule est pris d'assaut.
C'est donc par la force qu'il faut
Que j'introduise ma personne,
    A la Sorbonne.

On s'écrase sur les gradins ;
Je crains d'avoir froissé les seins
D'une débordante baronne,
    A la Sorbonne.

Enfin Brunetière paraît ;
Dans le silence qui se fait,
La voix de l'orateur résonne,
    A la Sorbonne.

Avec respect l'on écoutait
Les histoires qu'il racontait ;
Mais pour si peu l'on ne s'étonne,
    A la Sorbonne.

La Vallière, il te pend à l'œil
La Montespan et son orgueil.
Comme on te plaint, pauvre mignonne,
    A la Sorbonne.

Et Bossuet voyait tout ça !
Jusqu'à l'intrigue il s'abaissa.
Mais qu'importe ! on le lui pardonne,
    A la Sorbonne.

Comme Brunetière suait
A retaper son Bossuet !
C'est bien en vain qu'il s'époumonne,
    A la Sorbonne.

Ce grand nom s'était obscurci.
A le faire reluire ainsi,
C'est Brunetière qui rayonne,
    A la Sorbonne.

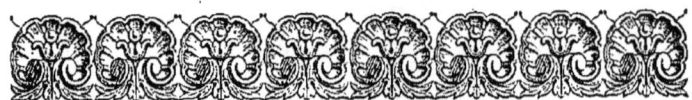

IL FAUT AIMER SES AMIS

TELS QU'ILS SONT

—

En moi voyez un homme qui s'attache
A ses amis et n'en sait pas changer ;
De mon cœur rien jamais ne les arrache,
Dès qu'une fois ils ont su s'y loger.
N'ayant pour eux pas de sotte exigence,
Content, charmé d'approuver ce qu'ils font,
Pour leurs défauts je suis plein d'indulgence :
Il faut aimer ses amis tels qu'ils sont.

On organise un jour une partie,
A frais communs on va dîner aux champs ;
La table avec grand luxe était servie,
Et vous pensez quels rires et quels chants !
Furtivement ensuite ils disparaissent !
J'en vois filer par la porte du fond !
Pour payer seul la dépense ils me laissent !
Il faut aimer ses amis tels qu'ils sont.

Quand je bâtis ma maison de plaisance,
Fais ce travail, dis-je à l'un des meilleurs,
Heureux de lui donner ma confiance ;
Et ça me coûte un tiers plus cher qu'ailleurs !
Lui, cependant, soutient qu'il me ménage,
Et me le prouve. Et devant son aplomb,
Je me suis tu. N'était-ce pas plus sage ?
Il faut aimer ses amis tels qu'ils sont.

Un autre, Alphonse, ami de ma jeunesse,
Savait très bien tout attirer à soi ;
Dès que j'avais pris nouvelle maîtresse,
Il s'en montrait plus amoureux que moi.
Ma femme avec lui me fut infidèle,
Et je ne puis, dans mon chagrin profond,
Me séparer pas plus de lui que d'elle :
Il faut aimer ses amis tels qu'ils sont.

Vous devinez qu'ils font danser ma cave.
Mes cuisiniers leur inventent des plats !
Mon teint est blême et mon œil devient cave ;
Et je me tue en ces trop longs repas.
Chaque jour, c'est une nouvelle fête.
On me prédit qu'ils me dévoreront :
Si l'on savait l'argent que je leur prête !
Il faut aimer ses amis tels qu'ils sont.

Par un bon tour j'ai fini mes tortures.
Que ne fut-il plutôt imaginé ?
Je fis semer des bruits et des murmures ;
On publia que j'étais ruiné.
Comme les rats désertent le navire,
Soupçonnant qu'il doit couler comme un plomb,
Ils sont partis prudemment sans rien dire :
J' avais jugé ces amis tels qu'ils sont.

DIVORCE REFUSÉ

Air de *la Treille de sincérité*.

  Que le juge
   Soit mon refuge ;
Dans mon malheur j'accours vers lui,
De la victime il est l'appui.

Je viens vous demander justice
D'un mari qui me fait trembler ;
Usant de ruse et d'artifice,
Il m'épousa pour me voler. *(bis)*
Il voulait mes billets de banque,
Et s'en est emparé si bien
Que, depuis lors, de tout je manque
Et que je n'en reverrai rien.

   Que le juge, etc.

Douloureuse fut l'existence
Qui, ce jour, pour moi commença ;
Ce fut offense sur offense,
Dont ma dignité se blessa. *bis*
Enfin, abusant de sa force...
Pitié ! Contre cet égorgeur
Vous prononcerez le divorce
Et mettrez fin à ma terreur.

    Que le juge, etc.

Les époux qu'on réconcilie
N'ont que des griefs bien légers ;
Cassez un acte qui me lie
Et m'expose à tous les dangers. *bis*
N'est-ce donc rien que ma ruine ?
A quel mal veut-on me pousser ?
Attendez-vous qu'il m'assassine
Avant que de me divorcer ?

    Que le juge, etc.

Le Tribunal, dans sa sagesse,
Dit que les faits ne sont prouvés,
Déboute la demanderesse.
Les bons principes sont sauvés. *bis*
Que son triste sort s'accomplisse !
La loi déplaît aux cardinaux !

MORALITÉ

N'attendez rien de la justice
Quand les juges sont cléricaux.

  Un tel juge
  Est-il un refuge ?
Ne recherchez pas son appui;
Gardez-vous de compter sur lui.

LE RÉVEIL

—

Voir note n° 8, à la fin du volume).

—

La vie ondoyante et diverse
S'offre aux yeux de tant de façons
Afin que le rimeur s'exerce
A la peindre dans ses chansons.
Qu'il choisisse un sujet facile
Et qu'à la Muse il soit docile :
Elle est son guide et son conseil.
Aujourd'hui, parlons du réveil.

Près du lit de tes père et mère,
Enfant, dans ton berceau tu dors,
Quand une bande de lumière
Perce tes rideaux blancs ; alors,
Près de tes parents tu te glisses,
Et ceux dont tu fais les délices
Par toi sont tirés du sommeil ;
Pour eux, c'est un charmant réveil.

Ces époux que l'amour enchaîne,
Bien mieux que ne le fait la loi,
Se montrent confiance pleine,
Car l'un en l'autre ils ont la foi.
Il en est ainsi quand on s'aime :
L'affection toujours la même,
Et l'amour toujours en éveil.
Tous les matins, quel beau réveil !

Là-bas, dans sa cellule obscure,
Le condamné connaît son sort ;
En rêve une voix lui murmure :
Tu peux échapper à la mort.
Au lieu de la grace espérée,
C'est Deibler qui fait son entrée,
Ayant dressé son appareil.
Pour lui, quel horrible réveil !

L'ACADÉMIE DE MÉDECINE INQUIÈTE

EN COMITÉ SECRET

Air de *Cadet-Roussel*.

L'Académie, au désespoir,
Voyait l'avenir tout en noir ;
Les grands médecins, assemblés,
Avaient tous des airs accablés ;
Prenons des mesures hardies,
Changeons les noms des maladies.
    Il n'est que temps ! changeons,
Changeons de suite tous les noms ! } *bis*

Le client lit trop de journaux,
Il apprend à juger ses maux :
— « L'un a fait ci, l'autre a fait ça. » —
De médecin on se passa.
Alors que devient la science ?
Ce qu'il nous faut, c'est l'ignorance !
    Il n'est que temps ! changeons,
Changeons de suite tous les noms ! } *bis*

Au lieu de nous servir du grec,
Mettons-le plutôt en échec ;
Plus de latin ! Entre nous tous,
Composons une langue à nous,
Ayant des détours, des arcanes
A dérouter tous les profanes.
 Il n'est que temps ! changeons,   ⎫
 Changeons de suite tous les noms !   ⎬ *bis*
                                       ⎭

Soyons brefs et tranchons soudain !
Dans l'affection d'intestin,
Ou les douleurs de l'utérus,
On ne se reconnaîtra plus :
Le client n'y va rien comprendre,
C'est ainsi qu'il faut nous défendre.
 Il n'est que temps ! changeons,   ⎫
 Changeons de suite tous les noms !   ⎬ *bis*
                                       ⎭

Vous verrez quel brouillamini !
Un beau chaos, l'indéfini !
Cela pourra durer longtemps.
Ce n'est pas avant cinquante ans
Qu'on aura refait, j'imagine,
Tous les livres de médecine.
 Il n'est que temps ! changeons,   ⎫
 Changeons de suite tous les noms !   ⎬ *bis*
                                       ⎭

Rappelez-vous l'influenza,
Le plaisir qu'elle nous causa ;
Quand au lit tout le monde était,
A nos soins on se soumettait.
Un mot nouveau, quand c'est la mode,
Rend le patient bien commode.
  Il n'est que temps ! changeons,
Changeons de suite tous les noms ! } *bis*

Pouvons-nous encore hésiter ?
Quelle raison de résister ?
Ce projet de réforme est mûr,
Et le résultat en est sûr.
Nous reprenons notre assurance
Et nous régnons par la souffrance.
  Il n'est que temps ! changeons,
Changeons de suite tous les noms ! } *bis*

CONSEILS A UN JEUNE POÈTE

—

> Words ! Words !
> Des mots ! des mots !
> *Shakespeare.*

C'est malheureux pour un jeune poète
D'être privé d'imagination ;
Dans cet état, il n'est pas à la fête
S'il attend tout de l'inspiration.
Jamais par toi les muses fécondées
N'éblouiront avec des chants nouveaux ;
Mais, pour masquer le vide des idées,
Tu peux remplir tes vers avec des mots.

Va, ce n'est pas une affaire mauvaise
De s'inspirer des autres, dans ton cas ;
Tu n'en serais que bien plus à ton aise :
Vingt auteurs font encor du vieux Dumas.
Suis le courant des œuvres demandées,
Prends-en la moelle et laisses-en les os ;
Les mots souvent remplacent les idées.
Cherche des mots, mon cher, des mots, des mots !

De l'avenir ne t'inquiète guère.
Qui fait trop bien n'est pas toujours compris.
Tu vendras mieux quelque livre éphémère ;
Les vers trop beaux seraient d'un moindre prix.
Redoute les chimères débridées
Passant en leurs fantastiques galops.
Les mots souvent remplacent les idées.
Cherche des mots, mon cher, des mots, des mots !

De ceux qu'on dit avoir des envolées,
Quoiqu'on les sache au-dessous du moyen,
Dont on se pâme aux rimes ciselées,
Presse le livre, il n'en sortira rien.
Mais cela plaît aux cervelles vidées :
On veut des sons, de doux bruits de grelots.
Les mots souvent remplacent les idées.
Cherche des mots, mon cher, des mots, des mots !

Suis les conseils que l'amitié te donne :
L'Académie a toujours des égards
Pour l'écrivain qui ne trouble personne ;
Tu peux un jour passer le Pont-des-Arts.
Pour ton talent les voix seront gardées,
Quand tous les huis pour d'autres seront clos.
Les mots souvent remplacent les idées.
Cherche des mots, mon cher, des mots, des mots !

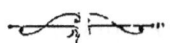

LE CURÉ QUI DEVIENT ÉVÊQUE

Air : *Trou la la.*

Monsieur le curé Genty
S'est tellement aplati
Qu'évêque enfin le voilà.
Il en est arrivé là.
    Trou la la, (*bis*)
Trou la trou la trou la la. } *bis*

Ses vicaires enchantés
Ne seront plus tourmentés ;
Ce petit desposte-là
Trop souvent les désola.
    Trou la la, etc.

L'un d'entre eux m'a confié
Qu'on a tout purifié ;
Pendant huit jours on pria
Et du sucre l'on brûla.
    Trou la la, etc.

Bon voyage, Dumollet !
Tu t'en vas et ça nous plaît ;
Bientôt là bas on verra
Quel charmant évêque on a.
    Trou la la, etc.

Grâce à ceux qui l'ont nommé,
Dans son saint zèle enflammé,
Sur eux il se jettera ;
Le préfet en sautera.
    Trou la la, etc.

Gare à ses subordonnés !
Ici ceux qu'il a menés
Sont comme ci, comme ça.
Leur intellect s'émoussa.
    Trou la la, etc.

Parlant de l'amour de Dieu,
Il mettra l'église en feu,
Révoquera, brisera,
Cassera, terrassera.
    Trou la la, (*bis*)   } *bis*
    Trou la trou la trou la la. }

ÉMILE ZOLA DEVANT L'ACADÉMIE

Messieurs, j'ai changé de manière
Afin d'être admis parmi vous ;
Je ne veux plus heurter vos goûts,
Ma conversion est entière.
Ainsi donc tendez-moi les bras.
J'entrerai. — Tu n'entreras pas.

Qui ne porta point de bretelles
A des plis à son pantalon.
Je vais expurger tout du long
Entre mes œuvres toutes celles
Dont les sujets sont un peu gras.
J'entrerai. — Tu n'entreras pas.

Voyez ! depuis plusieurs années,
J'ai laissé les impuretés,
Les scabreuses obscénités,
Les sachant par vous condamnées.
Faites-moi grâce, c'est le cas.
J'entrerai. — Tu n'entreras pas.

Je n'ai plus remué de boue,
Plus fait de récits excitants,
Les vieux blasés sont mécontents.
Je n'écris plus pour la gadoue,
Je recherche les délicats.
J'entrerai. — Tu n'entreras pas.

Quand je fais une œuvre morale,
Par vous dois-je être combattu?
Je sens qu'un parfum de vertu
De ma plume déjà s'exhale.
Si vous n'êtes point des ingrats,
J'entrerai. — Tu n'entreras pas.

Je saurai bien forcer la porte,
Car la voix publique est pour moi,
Et partout elle fait la loi.
Puis, c'est la gloire que j'apporte.
Vous verrez avec quel fracas
J'entrerai. — Tu n'entreras pas.

LES VOLEURS DÉLICATS

Air : *Faut d' la vertu, pas trop n'en faut ;*
En avoir trop est un défaut.

Le chef a réuni ses hommes :
C'est décidé pour cette nuit.
Adroits et forts comme nous sommes,
Nous escaladerons sans bruit.
Agissons en gens délicats,
Choisissons et n'abusons pas.

La maison près de la rivière,
Tout le jour, se mire dans l'eau ;
Elle est coquette et j'en infère
Que notre coup doit être beau.
Agissons en gens délicats,
Choisissons et n'abusons pas.

Son propriétaire est peut-être
Quelque gros bourgeois de Paris ?
L'heure venue, on y pénètre,
Certain de n'être pas surpris.
Agissons en gens délicats,
Choisissons et n'abusons pas.

Approchez la lanterne sourde.
A nous les plus riches objets.
Cette argenterie est très lourde.
Mettez les titres en paquets.
Agissons en gens délicats,
Écrémons et n'abusons pas.

Bourrons-nous des billets de banque ;
Chargeons-nous de ces rouleaux d'or.
Oh ! ces richards, rien ne leur manque !
Espérions-nous pareil trésor ?
Agissons en gens délicats,
Écrémons et n'abusons pas.

Oh ! ce portrait à la muraille !
Messieurs ! reconnaissez Chebroux (1).
Malheur ! c'est chez lui qu'on travaille !
A l'instant même arrêtons-nous.
Agissons en gens délicats,
Ces biens, ne les emportons pas.

Chebroux ! président de La Lice,
Chebroux ! le chansonnier aimé.
Qu'il ignore le sacrifice
Fait au poète renommé.
Agissons en gens délicats ;
Ces biens, ne les emportons pas.

(1) La maison de Chebroux est située à Champigny-sur-Marne, près Paris.

ERNEST CHEBROUX A ETREUX

8 Août 1894.

Je vais convoquer la fanfare,
Réunir le corps des Pompiers
Pour aller attendre à la gare
L'un de nos meilleurs chansonniers.
Que l'air d'un grand vivat s'emplisse
Pour le Président de la " Lice "
Qui vient se reposer chez nous !
Vive Chebroux ! Vive Chebroux !

Sortez le linge de l'armoire !
Faites des flans ! chauffez le four !
Au feu mettez la rôtissoire,
Et massacrez la basse-cour !
Et nous lui donnerons à boire
Un vin grisant comme la gloire
Dont les premiers rayons si doux
Brillent sur le front de Chebroux.

Ma femme croit que je me trompe.
Recevons-le très simplement,
Dit-elle. Est-ce à grands coups de trompe
Qu'on prouve son attachement ?
Au foyer, où le cœur s'épanche,
Qu'il goûte notre amitié franche
Traitant ainsi suivant ses goûts
Notre gai poète Chebroux.

Plaire à sa femme, c'est lui plaire.
Nous aurons tant de soins pour eux,
Nous tâcherons de si bien faire
Qu'ils seront tout à fait heureux.
Et pas une heure monotone !
Nous les gardons jusqu'à l'automne.
Les rossignols seront jaloux :
Chebroux chantera du Chebroux.

C'EST COMME CHEZ NOUS

—

Air : *J'arrive à pied de province.*

Cher ami, tu voudrais être
    Bien heureux chez toi,
Commander comme un bon maître
    Et faire la loi ;
Gouverner avec sagesse,
    Être ferme et doux ;
Mais ta femme est la maîtresse...
    C'est comme chez nous.

Parfois, ton esprit médite
    Quelque grand projet
Dont la seule réussite
    Dépend du secret ;
Mais, n'aimant pas les mystères,
    Ta femme chez tous
Va raconter tes affaires...
    C'est comme chez nous.

Jamais pour la nourriture
  Vous n'êtes d'accord ;
Elle veut de la friture,
  Il te faut du porc ;
Pour toi, c'est chose céleste
  Que la soupe aux choux ;
Mais ta femme la déteste...
  C'est comme chez nous.

Vous cherchez une campagne
  Fraîche, au bord de l'eau ;
Quelque désir fou la gagne
  D'avoir un château ;
Une simple maisonnette
  Suffit à tes goûts,
Oui, mais ta femme s'entête...
  C'est comme chez nous.

Vous projetez un voyage,
  Rêvant tour à tour,
Toi, d'aller aux bords du Tage,
  Elle, à Pétersbourg ;
Vous tenez, de guerre lasse,
  Propos aigres-doux,
Et la belle saison passe...
  C'est comme chez nous.

Vous avez vos heures roses !
  N'est-ce pas l'amour
Qui raccommode les choses
  Au moins chaque jour ?
Lorsque tu la vois se mettre
  Sens dessus dessous,
A ton tour d'être le maître...
  C'est comme chez nous.

A Eugène Baillet

NOTRE-DAME DE LIESSE

Air : *Vous vieillirez, ô ma belle maîtresse* (Béranger).

J'ai visité la Vierge de Liesse
Dans un moment sans doute mal choisi ;
Là n'était point un monde qui se presse,
L'Eglise avait des odeurs de moisi.
Eh quoi ! le culte est-il dans le marasme ?
Les vrais croyants seraient-ils en retard ?
J'étais glacé dans mon enthousiasme.
Aurait-on mis Notre-Dame au rancart ?

La Vierge voit qu'un étranger arrive,
Fort ébahi de se trouver là, seul.
Oh ! je comprends que ta surprise est vive,
Dit-elle, ici c'est gai comme un linceul ;
Peut-être as-tu lu dans quelque vieux livre
Qu'un peuple enfant m'implorait du regard ?
Mais c'est un temps qui ne peut plus revivre,
Car on a mis Notre-Dame au rancart.

Oui, dans ce lieu qu'avec respect tu foules,
J'ai vu jadis venir de puissants rois ;
Et tous les jours des foules sur des foules !
Oui ! l'univers entier, tout à la fois !
Et, confondus dans la même prière,
Riches et gueux suivaient mon étendard.
Rien d'éternel n'existe sur la terre,
Et l'on a mis Notre-Dame au rancart.

J'eus tout pouvoir et j'ai fait des miracles,
Et d'ici-bas je gouvernais le ciel ;
On demandait oracles sur oracles,
Tous les regards tournés vers mon autel.
C'est par la foi des hommes qu'on rayonne ;
Dans leur ferveur réside tout notre art.
Depuis, je n'ai plus su guérir personne,
Et l'on a mis Notre-Dame au rancart.

Tout culte n'est qu'une affaire de mode
Et *La Salette* a vu depuis longtemps
Que retenir les gens n'est pas commode.
Comment fixer des esprits inconstants ?
On a laissé vide son sanctuaire.
On court ailleurs. Pour elle, il est trop tard ;
Elle languit, comme moi, solitaire.
Et l'on a mis Notre-Dame au rancart.

Aujourd'hui, c'est *Lourdes* qui tient la corde,
Mais l'avenir est pour elle borné ;
Elle criera, dans peu, miséricorde !
Sa dernière heure aura bientôt sonné.
Son art caché, sa *miraculerie*,
Tout le clinquant du merveilleux bazar,
N'empêchent point qu'en s'en allant on crie :
Que Lourdes soit aussi mise au rancart !

OUI, MA FEMME

—

Georges s'éveille, un beau matin,
Ayant au cœur beaucoup d'entrain
Et des choses tendres dans l'âme ;
Mais sa femme lui dit : holà !
Assez causé comme cela.
    — Oui, ma femme.

De suite, de ce lit descends.
Je ne me lèverai pas sans
Voir briller une belle flamme,
Et, quand l'air sera bien chauffé,
Tu me donneras mon café.
    — Oui, ma femme.

Puis tu porteras mon corset
Chez la corsetière qui sait
Ce fourreau trop grand pour la lame ;
Dis-lui bien que je veux qu'il soit
Rétréci de plus d'un bon doigt.
    — Oui, ma femme.

Passant au *Louvre,* tu diras
Qu'on fasse reprendre les draps :
Par trop rugueuse en est la trame ;
Les gens délicats au toucher
Ont la crainte de s'écorcher.
    — Oui, ma femme.

Pour cet époux obéissant
La dame-maîtresse, enfin, sent
Qu'elle est trop rude, elle s'en blâme
Et lui dit avec sentiment :
Viens te recoucher un moment.
    — Oui, ma femme.

LES SOCIALISTES

—

J'ai connu les rêves des *Cabettistes*
Et de *Proudhon* et de *Considérant* ;
Et vous venez, vous, les Socialistes,
Chanter un air qui n'est pas différent.
A supposer que vos projets étranges
Puissent un jour vous porter au pouvoir,
Pour vous servir trouverez-vous des anges ?
L'homme va-t-il changer du blanc au noir ?

D'abord il faut promettre trop de choses.
C'est cela seul qui vous fait écouter ;
Quand vous montrez l'avenir plein de roses,
Tout lait, tout miel, on ne veut point douter.
Oui ! tous les ans, on fera deux vendanges,
Pour tous, les vins couleront au pressoir ;
Les justes parts se feront par des anges !
L'homme va-t-il changer du blanc au noir ?

Vous saurez rendre une bonne justice
Et tout sera réglé suivant la loi ;
On n'aura plus d'intérêt, de caprice.
Pourquoi tirer la couverture à soi ?
Tu trouveras cuit le pain que tu manges,
Et tout heureux, en t'endormant le soir,
Que le travail se fasse par des anges !
L'homme va-t-il changer du blanc au noir ?

Entre vous tous jamais de jalousie !
Dévoués sont vos meilleurs lieutenants ;
Vous les primez sans éveiller l'envie
Et la paix règne entre les gouvernants.
O sort brillant ! nos destins, que tu changes,
Seront comblés par delà notre espoir ;
Guidés par vous, nous deviendrons des anges.
L'homme va-t-il changer du blanc au noir ?

Est-il permis de garder quelques doutes ?
Connaissez ceux que vous croyez mener ;
Tisser le drap, raccommoder les routes,
Est par trop dur ; leur but, c'est gouverner.
Vous ne pourrez diriger ces phalanges !
Allons ! A bas ! Ils veulent tout avoir !
Et vous verrez qu'ils ne sont pas des anges !
L'homme va-t-il changer du blanc au noir ?

PASCHAL GROUSSET

ET SON TROU, AU CHAMP DE MARS

(Voir note n° 9, à la fin du volume).

Air: *Ma tante Urlurette.*

La fête de dix-neuf cent
Fera surgir, on le sent,
Quelque projet grandiose ;
    Que l'on ose,
    Que l'on ose
Faire grandiose.

Celui de Paschal Grousset,
D'après ce que l'on en sait,
Serait merveilleuse chose.

    Ah ! qu'il ose, etc.

Au champ de Mars faire un trou
Très large, y creuser jusqu'où
La masse de feu repose !

    Ah ! qu'il ose, etc.

Bouillante à mille degrés,
L'eau jaillirait à peu près
Du centre, à ce qu'il suppose.

    Ah ! qu'il ose, etc.

Tout Paris serait lavé :
Les gens, les chiens, le pavé.
Voilà ce qu'il se propose.

    Ah ! qu'il ose, etc.

Personne n'aurait plus froid :
A la chaleur on a droit.
Et quel bien-être elle cause !

    Ah ! qu'il ose, etc.

Des deux bouts de l'univers
Viendraient cent peuples divers
Pour voir triompher sa cause.

    Ah ! qu'il ose, etc.

S'il réalise cela,
Pour son front qu'il trouve la
Gloire d'une apothéose.
    Ah ! qu'il ose,
    Ah ! qu'il ose
  Faire grandiose.

LETTRE DE LÉON XIII AUX ANGLAIS

(Voir note n° 10, à la fin du volume).

Air : *Ma tante Urlurette.*

Les Anglais sont dans l'erreur,
Mais le Pape, de grand cœur,
Leur ouvre ses bras de père.
    Le Saint-Père,
    Le Saint-Père
Sauve l'Angleterre.

Il est prêt à les bénir,
S'ils veulent bien revenir
Repentants sous sa bannière.
    Le Saint-Père, etc.

Ses mains, pleines de pardons,
Sur eux répandront les dons
D'une indulgence plénière.
    Le Saint-Père, etc.

Oubli complet du passé.
A tort on s'était vexé.
Ouvrons une nouvelle ère.
    Le Saint-Père, etc.

Recevez ses cardinaux.
Ils vous ramèneront aux
Beaux temps de la foi première.
    Le Saint-Père, etc.

Rétablissez les autels.
De tous vos péchés mortels
Il fera remise entière.
    Le Saint-Père, etc.

Il est grand temps de céder.
Au ciel pour mieux vous guider,
Il sera votre lumière.
    Le Saint-Père etc.

Le Pape aime à dominer.
Il voudra vous gouverner ;
Vous savez, c'est sa manière.
    Le Saint-Père, etc.

Et la parole de Dieu
A vos pauvres tiendra lieu
De pain, de viande et de bière.
    Le Saint-Père,
    Le Saint-Père
Sauve l'Angleterre.

QUAND C'EST TROP CHER

—

J'aime à payer les choses que j'achète
A leur prix juste et non exagéré ;
Et tel marchand, qui se dit très honnête,
M'a quelquefois étrangement leurré.
A conter ses raisons l'on se soulage.
Je suis peu riche et tiens à mes écus,
Car dépasser son budget n'est pas sage :
Quand c'est trop cher, je ne consomme plus.

Vous advint-il de visiter les ventes ?
Ne fûtes-vous pas souvent indignés
De voir couvrir d'enchères surprenantes
De vieux tableaux jusqu'alors dédaignés ?
Ne pouvant point orner de ces peintures
De mon salon les murs vraiment trop nus,
Je me rabats sur de belles gravures :
Quand c'est trop cher, je ne désire plus.

Certains journaux vivant de leurs réclames,
Naguère encore, avaient mené grand bruit
Des agréments de ces petites dames
Que l'on rencontre aux restaurants de nuit.
Parbleu ! me dis-je, il faut que j'en essaye ;
Et j'en revins bien triste, bien confus.
C'est effrayant ce que cela se paye :
Quand c'est trop cher, je n'y retourne plus.

Monsieur l'abbé, ma pauvre femme est morte
Et je voudrais quelque chose de bien ;
Un beau service avec Suisse à la porte ;
Auparavant, vous me direz combien.
Il faut que les cierges soient innombrables,
Que la musique aille à nos cœurs émus ;
Mais faites-moi des prix bien raisonnables :
Quand c'est trop cher, je ne m'amuse plus.

Si vous craignez les choses par trop chères,
N'acceptez pas celles qu'on a pour rien ;
Ce serait mal comprendre vos affaires,
On vous prendrait par un autre moyen.
Régler sa vie ainsi que sa dépense,
Se refuser les plaisirs superflus,
Serait-ce point la meilleure science ?
Quand c'est trop cher, merci ! je n'y tiens plus.

ETIENNE DOLET

(Voir note n° 11, à la fin du volume).

A M. Orentin DOUEN.

Nous qui pouvons tout dire et tout écrire,
Libres et fiers d'être des citoyens,
Adorer Dieu même jusqu'au délire,
Créer un culte ou demeurer païens ;
Souvenons-nous de ceux qui travaillèrent
Pour ces biens dont en paix nous jouissons,
Et des martyrs qui se sacrifièrent.
Et que Dolet revive en nos chansons.

Pur helléniste, il a traduit les maîtres ;
Poète, il eut ses jours de grand succès ;
Sous l'œil jaloux et soupçonneux des prêtres,
Il imprima l'Evangile en français.
Pour expier une pareille audace,
Il a connu l'exil et les prisons ;
Il sait déjà le sort qui le menace.
Mais tu revis, Dolet, dans nos chansons.

Tous les dévots de fureur étaient ivres.
François-Premier mourait de ses catins,
Et l'on brûla ta personne et tes livres !
Et l'on croyait tous les flambeaux éteints.
Mais ta parole au loin fut dispersée,
 Partout le vent emporta tes leçons,
Semant les fleurs de la Libre-Pensée.
Et tu revis, Dolet, dans nos chansons.

Tu combattis pour une noble cause.
Depuis ce temps des siècles ont passé
Et nous t'avons fait une apothéose.
Ton monument dans Paris est dressé.
Il luit enfin le jour de la justice !
Resplendissant ici, nous te voyons
Plus glorieux sur le lieu du suplice.
Et tu revis, Dolet, dans nos chansons.

LÉON XIII

ET FERDINAND BRUNETIÈRE

(Voir note n° 12, à la fin du volume).

...Le Saint-Père lui répondit :
D'après tout ce que tu m'as dit,
Je vois que la France s'encroûte.
La Science fait banqueroute.

Votre pauvre monde savant
Est plein de têtes à l'évent.
Erreur sur erreur il ajoute.
La Science fait banqueroute.

Ils sont entiers dans leur orgueil :
Des hommes sans Dieu, c'est l'écueil.
Leur outrecuidance dégoûte.
La Science fait banqueroute.

Où cherchent-ils la vérité ?
Quoi ! Sur la terre ? O vanité !
Celle du ciel on la redoute.
La Science fait banqueroute.

C'est pourtant là qu'il faut aller.
Ont-ils des ailes pour voler ?
Quand la foi meurt, quand l'esprit doute,
La Science fait banqueroute.

Tous les secrets qu'ils ont trouvés
N'ont jamais été bien prouvés ;
Mais leur amour-propre s'écoute.
La Science fait banqueroute.

C'est pour moi clair comme de l'eau
Que le grand maître Berthelot
Marche au hasard, sans y voir goutte.
La Science fait banqueroute.

Interroge ces hommes forts.
Faut-il ressusciter les morts
Comme Jésus fit sur sa route ?
La Science fait banqueroute.

Quelqu'un, à Josué pareil,
Peut-il faire que le soleil
Se fixe à la céleste voûte ?
La Science fait banqueroute.

Dis à la France de ma part
Que de la tromper ils ont l'art,
Et mets tout ce monde en déroute !
La Science fait banqueroute.

COMMENT ON SE PLACE

AU THÉATRE

—

Après trois quarts d'heure de queue,
Et de froid la figure bleue,
Nous sommes au guichet ; je prends
Deux quatrièmes à cinq francs.
A monter si vite on s'éreinte ;
Ma femme est prise d'une quinte...
N'importe ! Allons ! et vivement.
Tout est pris, oh ! complètement.
Alors, de sa voix presque éteinte,
Elle dit : Prends un supplément.

Et nous descendons quatre à quatre.
Il faut se presser au théâtre,
Agir comme des conquérants.
J'ai des troisièmes à sept francs.
Et dans les couloirs on s'amasse !
Je n'ai plus une seule place,
Soit debout, soit tout autrement,
Nous dit l'ouvreuse poliment.
Ma femme, faisant la grimace :
Je prends un autre supplément.

Il fallut encor redescendre.
Alors on nous engage à prendre
Des fauteuils à quatorze francs.
Voilà des prix bien différents.
Nous acceptons et l'on nous place.
Près de nous on passe, on repasse ;
Je suis bousculé constamment.
Nous sommes mal, décidément,
Et dans un courant d'air qui glace.
Au diable soit le supplément !

Ainsi les directeurs agissent !
Et les places chères s'emplissent '
Mais en revenant je me dis :
Quoi ! vingt-huit francs au lieu de dix ?
L'or ne nous vient pas d'une source.
Et faire une si longue course
Pour trouver ce désagrément !
Mieux eût valu rester vraiment.
N'allons plus, vidant notre bourse,
Faire le jeu du supplément.

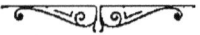

REPROCHES D'UN PÈRE

A SON FILS

Eh! quoi, mon fils, de nouvelles demandes ?
C'est tant d'argent qu'il te faut coup sur coup ;
Et plus tu vas et plus elles sont grandes.
Je t'ai laissé la bride sur le cou.
Pour t'arrêter sur la pente qui mène
A la ruine, à la honte, à l'effroi,
A tous les maux que la débauche entraîne,
Je te dirai ce que j'ai fait pour toi.

Je n'ai pas eu toujours de la fortune,
Mais j'étais né volontiers remuant,
Saluant bas et plutôt deux fois qu'une,
L'œil éveillé, l'esprit insinuant.
Dès que je sus me servir d'une plume,
Je fus puissant dans un monde sans foi,
Faisant monter la vase avec l'écume.
 Voilà ! voilà ce que j'ai fait pour toi !

Que j'en ai vu des affaires juteuses !
On les brassait alors dans mon journal ;
Meilleures sont souvent les plus douteuses.
On risque gros, mais aussi quel régal !
Et tout cela vous vient sans violence,
Habilement on fait penser à soi ;
Le Panama me payait mon silence.
 Voilà ! voilà ce que j'ai fait pour toi !

Des financiers, de puissantes cervelles,
 Des gens qui sont presque tout dans l'Etat,
Et les premiers à savoir les nouvelles,
M'avaient nommé chef de leur Syndicat.
Après des temps et de hausse et de baisse
L'attraction faisant sentir sa loi,
Tous leurs écus se trouvaient dans ma caisse.
 Voilà ! voilà ce que j'ai fait pour toi !

Nous ne voulions qu'un fils pour qu'il fût riche,
Et quand tu vins nous nous crûmes comblés ;
Tous nos espoirs vont-ils rester en friche
Et serons-nous de douleur accablés ?
Sans capitaux l'homme est un ver de terre !
Tu vois Crésus adoré comme un roi !
Voilà pourtant ce qu'a voulu ton père !
 Voilà ! voilà ce que j'ai fait pour toi !

REPROCHES

D'UN FILS A SON PÈRE

—

Les beaux secrets que tu viens de m'apprendre !
Je les savais, hélas ! pour mon malheur ;
Dès le lycée, on me les fit comprendre :
On m'appelait « Petit *Maître chanteur* ».
Je suis certain de m'être montré ferme
En repoussant ce qu'on disait de toi ;
Mais mon respect périssait dans son germe.
En vérité, tu faisais trop pour moi !

Notre grand luxe était une autre affaire.
J'avais chevaux et valets galonnés ;
Ah ! disait-on, c'est facile à son père,
Combien de gens n'a-t-il pas ruinés !
Jeune, l'on fait sonner l'or dans ses poches
Et l'on n'est qu'un petit sot, malgré soi,
Tout préparé pour d'énormes brioches.
En vérité, tu faisais trop pour moi !

Puis nous avions une table trop riche.
Pour nous est-il jamais rien d'assez cher ?
Et, chaque soir, au théâtre on s'affiche
En attendant qu'on aille aux bains de mer.
L'esprit est-il bien tourné vers l'étude
Quand le travail n'impose pas sa loi,
Quand l'avenir est sans inquiétude ?
En vérité, tu faisais trop pour moi !

Dans ce brillant je sens que sur nous pèse,
Lourde à porter, la malédiction ;
Des affamés, que jamais rien n'apaise,
Vont-ils venir, pleins d'indignation,
Et secouant devant toi leurs guenilles,
Te reprocher tant de mauvaise foi ?
Tu dépouillas sciemment leurs famillles !
En vérité, tu faisais trop pour moi !

Et tu t'es dit : il fait grosse dépense,
Donc il s'amuse. Eh ! non, c'est par dégoût ;
Je m'étourdis et, malgré moi, je pense :
L'eau trouble doit s'en aller à l'égout.
Mais, va, je cesse et vais servir la France ;
Ainsi ma vie aura plus noble emploi,
Et son drapeau sera mon espérance.
Mon père, adieu ! tu faisais trop pour moi !

LES ENFANTS DE PARIS

Les enfants natifs de Paris
Le plus souvent sont rabougris.
Leur toux déchire comme un râle ;
Rien qu'à les voir, le cœur se fend.
    Ton père est pâle,
    O pauvre enfant ;
    Ta mère est pâle.

Innocents et dégénérés
Si vous grandissez, vous n'aurez,
Les garçons, jamais le teint mâle ;
Les filles, jamais l'air vivant.
    Ton père est pâle,
    O pauvre enfant ;
    Ta mère est pâle.

Que faire de ces rejetons ?
Comment vivront ces avortons ?
Leur faut-il le soleil qui hâle ?
Pourront-ils supporter le vent ?
    Ton père est pâle,
    O pauvre enfant ;
    Ta mère est pâle.

La consomption qui vous tient,
De vos parents tout droit vous vient,
Et votre mine sépulcrale
Toute espérance vous défend.
  Ton père est pâle,
  O mon enfant ;
  Ta mère est pâle.

LES CHIRURGIENS

—

AIR : *Trou la la.*

Des médecins ? n'en faut plus !
La Médecine ? Un abus.
Vivent les chirurgiens,
Habiles praticiens !
  Opérons. *bis*
Pour sûr, nous vous guérirons. } *bis*

Nous avons des instruments
Que vous trouverez charmants ;
Loin de craindre ou d'hésiter,
On n'y peut pas résister.
  Opérons. *bis*
Pour sûr, nous vous guérirons. } *bis*

Les antiseptiques sont
Notre force et sauveront ;
Les sceptiques sont des sots
Sans esprit, sans à propos.
  Opérons. *bis*
Pour sûr, nous vous guérirons. } *bis*

Avez vous des maux de reins ?
Souffrez-vous des intestins ?
Etes-vous tuberculeux,
Lymphatiques ou scrofuleux ?
    Opérons. *bis*
Pour sûr, nous vous guérirons. } *bis*

Dans le rhume de cerveau
Plus de vapeur de sureau ;
Quelques coups de bistouri,
Et votre flux est tari.
    Opérons. *bis*
Pour sûr, nous vous guérirons. } *bis*

Votre épine dorsale est
Courbe ; si ça vous plaît,
Nous vous la redresserons
Ou vous la remplacerons.
    Opérons. *bis*
Pour sûr, nous vous guérirons. } *bis*

Le médecin prend cent sous,
Preuve qu'il est au-dessous
De nous qui sommes si grands
Et prenons dix mille francs.
    Opérons. *bis*
Pour sûr, nous vous guérirons. } *bis*

LA VÉRITÉ

—

Je t'ai cherchée en vain dans les deux Chambres.
D'aucuns m'ont dit qu'on ne veut pas t'y voir ;
Dans ces palais un grand nombre de membres
Tournent leurs yeux du côté du Pouvoir.
Je suis naïf et n'ai pas su comprendre
Quelle raison de ces lieux t'exila,
D'où, justement, tu dois te faire entendre !
Je t'ai cherchée et tu n'étais pas là !

Je t'ai cherchée aussi dans le Prétoire
Où sont assis de graves magistrats ;
Et j'espérais, dans l'interrogatoire,
Te voir surgir au milieu des débats.
Un avocat de sublime éloquence
Embrouilla tout dans le temps qu'il parla ;
Il fallut bien constater ton absence.
Je t'ai cherchée et tu n'étais pas là !

L'histoire n'est qu'un lourd amas de songes.
Par ignorance ou par légèreté,
Des écrivains ont brodé des mensonges
En leur donnant un air de vérité :
On te présente ainsi défigurée.
J'eusse aimé mieux tes traits vrais qu'on voila ;
Pourquoi cacher cette face adorée ?
Je t'ai cherchée et tu n'étais pas là !

La vérité ! — le constater est triste —
On la repousse à peu près de partout ;
Pour les fervents cependant elle existe,
Le regard droit, radieuse et debout.
Tous ceux qui sont à leurs devoirs fidèles,
Que l'intérêt vil jamais n'aveugla,
Et ceux qu'on voit aux faussetés rebelles,
Frappant leurs cœurs, vous diront : Elle est là !

EN ROUTE POUR PARIS

Voyez ce long panache de fumée,
Oyez les sons de ce sifflet strident ;
C'est la machine à l'haleine enflammée,
Elle entre en gare et s'arrête en grondant.
Des voyageurs descendent au plus vite,
Par d'autres les wagons d'assaut sont pris ;
Pour se caser chacun se précipite.
Allons ! en route ! en route pour Paris !

Dans ces wagons c'est un monde qui passe ;
Ce jeune homme est un travailleur des champs,
Que le soleil brûle ou que le vent glace,
Sa belle humeur éclate dans ses chants.
Dans le pays le salaire est en baisse ;
Lui, de ses bras exige un meilleur prix ;
Il veut gagner du pain pour sa vieillesse.
Allons ! en route ! en route pour Paris !

De grouper il possède l'art ;
Grâce à lui, chacun prend sa part
De la lumière répandue
    Par *La Revue.*

Tel qui n'aurait pas eu de nom
Se voit lancé comme d'un bond,
Dans la resplendissante nue
    Par *La Revue.*

Henry Carnoy, cet homme fort,
Relie en un faisceau « *Le Nord* »
Et met tous les talents en vue
    Par *La Revue.*

NE LAISSEZ PAS ENTRER MA FEMME

Il m'est venu de terre une nouvelle :
Ma femme s'est décidée à mourir.
Je crains qu'il faille encor m'occuper d'elle,
Et d'y penser cela me fait frémir ;
Je goûte au Ciel la douce paix de l'âme,
Et vous savez si j'ai souffert jadis !
Seigneur, mon Dieu, ne laissez pas ma femme
      Entrer en Paradis.

Sachant tromper... que c'était un miracle,
Un certain soir, son beau cousin François
Vint la chercher pour aller au spectacle ;
Elle rentra juste au bout de trois mois.
Les jeunes gens, qu'un seul regard enflamme,
Par elle étaient aussitôt dégourdis.
Seigneur, mon Dieu, ne laissez pas ma femme
      Entrer en Paradis.

Elle viendrait mettre ici la débauche,
Et rajeunis seraient tous vos vieux Saints ;
Et vous pourriez m'adresser le reproche
De n'avoir pas prévenu ses desseins.
Souvent le cœur refroidi se renflamme ;
Vous les verriez frétillants, reverdis.
Seigneur, mon Dieu, ne laissez pas ma femme
    Entrer en Paradis.

Ah ! je sais bien qu'à la fin un bon prêtre
La consolait à ses derniers moments ;
Qu'en votre nom sacré, mon divin Maître,
Il lui donnait les derniers sacrements.
Trouvez un biais ! dans l'éternelle flamme
Qu'elle s'en aille où cüisent les maudits !
Seigneur, mon Dieu, ne laissez pas ma femme
    Entrer en Paradis.

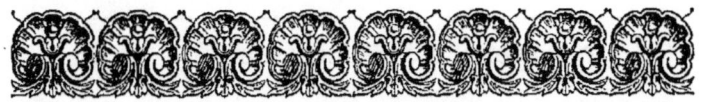

DIALOGUE AVEC UNE MOMIE
AU MUSÉE DU LOUVRE

—

(Voir note n° 13, à la fin du volume).

—

J'avais rendu pour une heure à la vie,
Par un secret qui n'appartient qu'à moi,
Une momie étonnée et ravie,
Et j'en avais encore de l'effroi.
J'ai violé ton repos pour l'étude,
Dis-je ; ton âme en la béatitude
Est-elle au Ciel, loin des pêcheurs maudits ?
Est-ce l'enfer ? Est-ce le paradis ?

Elle répond : mille ans avant votre ère,
L'Egypte était soumise à mon pouvoir ;
J'étais la Reine, et nom peuple, prospère,
M'obéissait. Je n'avais qu'à vouloir
En ce temps-là ; nos lois religieuses
Pour le vulgaire étaient mystérieuses,
Et nos auteurs sacrés, nos érudits,
Ne connaissaient enfer ni paradis.

Quand je mourus, les prêtres m'embaumèrent.
Depuis, je suis dans l'ombre et le repos ;
Ce ne fut pas vainement qu'ils prièrent.
Mon âme est là dans ma chair et mes os
Et je la crois maintenant immortelle :
Elle est en moi comme je suis en elle,
Jusqu'en ce Louvre où par toi je revis,
Et ne connaît enfer ni paradis.

Sa voix étant plus faible devenue,
Passa comme un léger souffle, puis rien !
Sur l'œil vitreux la mort redescendue
Interompit ce funèbre entretien.
Et le gardien venait. Adieu ! lui fis-je.
Émerveillé moi-même du prodige,
Et m'éloignant tout pensif, je me dis :
Erreur l'enfer ! Erreur le paradis !

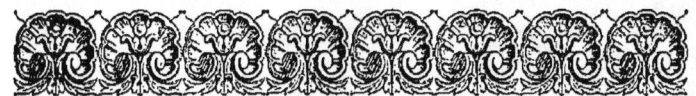

EDMOND TEULET

ET SES CHANSONS

—

(Voir note n° 14, à la fin du volume).

—

AIR : *Faut d'la vertu, pas trop n'en faut.*

Nous allons parler, s'il vous plaît, } *bis*
Du chansonnier Edmond Teulet.

Si vous n'avez pas lu son livre,
Tâchez de vous le procurer,
Car il n'est pas permis de vivre
En ce monde et de l'ignorer.

Nous allons parler, etc.

Vous apprendrez de belles choses
Et vous entendrez de doux sons ;
Comme aux rosiers poussent les roses,
Il pousse à Teulet des chansons.

Nous allons parler, etc.

Sa muse est une muse honnête,
Jamais d'équivoques propos ;
Lisez « *La chanson du poète* »
Destinée à de longs échos.

Nous allons parler, etc.

S'il dépeint la douleur profonde,
Il répand aussi la gaîté ;
A « *L'hiver dur au pauvre monde* »
Fait suite « *La porte à côté* ».

Nous allons parler, etc.

Et ce sont des perles qu'il sème
Comme un prodigue, ses trésors ;
Ses vers, l'inspiration même,
S'épanouissent sans efforts.

Nous allons parler, etc.

Et sa voix, comme elle est touchante !
La pure expression de l'art.
Allez le voir ! Qu'il vous enchante !
A son Concert du boulevard.

Nous allons parler, s'il vous plaît, ⎫
Du chansonnier Edmond Teulet. ⎭ *bis*

LE VIEUX MOULIN DE MOLAIN

(Aisne)

Le vieux moulin, bâti sur la colline,
A vu jadis des temps bien plus heureux ;
Quand le meunier faisait de blé farine,
Il ne pouvait espérer rien de mieux.
Et dans l'azur lorsque tournaient ses ailes,
On entendait le tic tac cadencé :
Mais on créa des machines nouvelles,
Et ce n'est plus qu'un spectre du passé.

Ton maître n'a pas vécu de délices.
Un jour, on tourne et le travail s'abat ;
Le vent, ainsi que l'homme, a ses caprices ;
Sitôt qu'il tombe, on est au calme plat.
Mais notre époque est pleine d'exigences,
On ne sait plus attendre. On est pressé.
Ton sort devient celui des diligences.
Et tu n'es plus qu'un spectre du passé.

Un jour enfin, ton maître t'abandonne.
On ne t'a plus depuis lors réparé ;
Ton aile au vent se lamente et frissonne
En ébranlant ton vieux corps démembré.
Ton escalier tombe et tes bois pourrissent,
Sur le chemin battu l'herbe a poussé ;
Et c'est ainsi que les choses finissent.
Et tu n'es plus qu'un spectre du passé.

Et ton squelette est là, mélancolique.
A tes pieds passe un train de voyageurs,
— Un train lancé par la force électrique.
Vapeur, adieu ! C'est fait de tes lenteurs.
Vieille machine où s'attache la rouille,
Vieux procédé de travail distancé,
C'est le progrès réel qui vous dépouille.
Vous n'êtes plus que spectres du passé.

SONNET A LA FONTAINE

Sujet imposé.

Sans doute, La Fontaine est beau.
Mais le sujet n'est pas nouveau.
Veut-on aussi que je m'arroge
Le droit de faire son éloge ?

Je réponds puisqu'on m'interroge.
Quand le soleil brille il fait beau.
La cage est faite pour l'oiseau.
L'heure se voit juste à l'horloge.

Et le fabuliste est si grand
Que renchérir, on le comprend,
Ne serait qu'une chose vaine

Et banale, dans tous les cas.
Décidément, je n'ose pas
Faire un sonnet à La Fontaine.

L'INSTITUT PASTEUR

Pasteur est un savant couvert de gloire,
L'heureux vainqueur de nos affreux virus ;
Il ajoute un chapitre à son histoire,
Ce qui nous fait le chérir encor plus.
Guérir les corps, voilà ses grands services !
De l'âme aussi c'est le libérateur.
Il a trouvé le sérum de nos vices :
Guérissons-nous à l'Institut Pasteur.

C'est par ses mains que ce nouveau liquide,
Sous l'épiderme, en nous est injecté,
Et nous voyons de suite dans quel vide
L'entendement humain s'est agité.
Notre raison s'éclaire et devient ferme :
Nous nous sentons moins sujets à l'erreur ;
Enfin le doute a trouvé là son terme :
Guérissons-nous à l'Institut Pasteur.

Il a remis la paix dans les ménages.
Femme agressive et mari querelleur
Font maintenant ce que faisaient les sages ;
Tout est chez eux amour, bonté, douceur.
On ne voit plus de galants qui spéculent.
Le mariage est remis en honneur.
De beaux enfants dans les maisons pullulent :
Guérissons-nous à l'Institut Pasteur.

Combien voit-on de femmes vaniteuses
Ne plus agir qu'avec simplicité ?
Combien aussi de ces bouches menteuses
Ne s'ouvrent plus que pour la vérité ?
Quel nombre enfin de ces âmes si basses
Qu'il a bien su remettre à la hauteur ?
Il rend la force à celles qui sont lasses :
Guérissons-nous à l'Institut Pasteur.

Il a tué l'*envie* et l'*avarice*,
Et la *paresse* et l'*impudicité* ;
L'*orgueil* s'abaisse et, se rendant justice,
Devient modeste en toute humilité.
La *colère* est changée en patience,
La *gourmandise* est sobre avec bonheur.
C'est l'âge d'or pour tous qui recommence :
On se guérit à l'Institut Pasteur.

JE M'EN IRAI SANS AVOIR RIEN COMPRIS

—

Nous sommes les enfants du grand Mystere
Et descendons tout droit de l'inconnu ;
Vers quel temps l'homme a-t-il paru sur terre ?
Pour quelle fin surtout est-il venu ?
A quel travail, mon âme, tu te livres
Pour tout savoir ! Et qu'as-tu donc appris ?
Et pourtant j'ai dévoré tous les livres !
Je m'en irai sans avoir rien compris.

O Tout-Puissant ! qu'on se figure comme
Un sphinx veillant au fond de son décor,
L'unique espoir ou la terreur de l'homme
Qui doute ou croit et doute et croit encor,
Tu t'es voilé dans des ombrres confuses.
Le trouble existe, il ronge nos esprits ;
Éclate aux yeux ! mais, non ! tu te refuses !
Je m'en irai sans avoir rien compris.

Qui peut savoir pourquoi le cours des astres ?
Pour quelle gloire allumer ces flambeaux ?
Pourquoi les flots des mers ont des désastres
Où les marins vont chercher leurs tombeaux ?
Toi qui créas la fourmilière humaine,
Es-tu sensible à sa joie, à ses cris ?
Nous entends-tu gémir de ton domaine ?
Je m'en irai sans avoir rien compris.

On dit ici que tes globes, tes mondes,
Sont éclairés par cent mille soleils,
Les uns versant de belles flammes blondes,
Et d'autres, des rayons bleus ou vermeils ;
Que tu créas ces poussières d'étoiles
Au fond des cieux pour nos regards ravis.
Oh ! je voudrais te voir ainsi sans voiles.
Je m'en irai sans avoir rien compris.

Hélas ! jamais notre pauvre science
N'apprendra rien sur toi qui soit certain :
C'est à tomber dans la noire démence !
Te pénétrer, nous le cherchons en vain ;
De tout côté notre horizon se borne.
De nos efforts impuissants tu te ris !
Nous resterons dans l'ignorance morne.
Je m'en irai sans avoir rien compris.

NOTRE-DAME DE LOURDES

TRIOMPHANTE

Air : *Trou la la.*

A Lourdes je suis allé,
Par mon bon ange appelé ;
Avec ferveur j'ai prié,
Et la Vierge m'a crié :
    A ce flot *bis* } *bis*
Croyez et buvez de l'eau. }

Ayant eu le bras coupé,
Dans la piscine trempé,
Je fus soudain exaucé ;
Mon bras était repoussé.

    A ce flot, etc.

J'avais les deux yeux perdus,
Dans leurs orbites fondus,
Et je revis à l'instant
Dans les cieux l'astre éclatant.

    A ce flot, etc.

Mon visage était ridé,
Mais Dieu m'a tout accordé ;
Comment sortis-je de l'eau ?
Vous voyez, frais jouvenceau.

    A ce flot, etc.

Enfin, un guillotiné,
Moi présent, fut amené ;
De suite, on le recolla,
Et, content, il s'en alla.
    A ce flot *bis*   } *bis*
Croyez et buvez de l'eau. }

NOTRE-DAME DE LOURDES

EN DÉCADENCE

—

Zola, qui n'est pas un grand astrologue,
A cependant vilainement prédit
Que tout l'éclat de mon énorme vogue
S'abîmerait dans un noir discrédit.
Son livre nous a fait un mal immense ;
Soudainement, nous avons vu combien
Le triomphe est près de la décadence.
J'étais la Vierge et je ne suis plus rien.

Devait-il donc montrer les ridicules
De ces naïfs se jetant à genoux !
L'espoir trompé chez les esprits crédules
Se change en haine et gronde contre nous.
N'obtenant point la guérison rêvée
Et n'ayant plus la foi comme soutien,
Ils sont partis plus mal qu'à l'arrivée.
J'étais la Vierge et je ne suis plus rien.

Les mauvais bruits répandus à la ronde
Ont empêché d'organiser les trains
Qui, tous les jours, de tous les points du monde,
Nous amenaient vingt mille pèlerins.
Dans les hôtels maintenant tout est vide !
Le boutiquier, hélas ! y perd son bien,
Et le clergé de manger est avide.
J'étais la Vierge et je ne suis plus rien.

La grotte va s'abîmer en ruine.
Sur ce parvis les ronces pousseront ;
Les habitants, chassés par la famine,
Désespérés et pâles, me fuiront.
C'est un désert où nul bruit ne résonne.
Quelque chasseur égaré pourra bien
Le traverser sans rencontrer personne.
J'étais la Vierge et je ne suis plus rien.

Mais quoi ! faut-il me montrer désolée ?
L'homme ne peut se passer de ses Dieux.
Toute âme veut trouver son envolée
Et se plonger au sein du merveilleux.
Que l'on serine une autre Bernadette !
Elle ira faire ailleurs de beaux discours,
Et nous pourrons recommencer la fête.
Je suis la Vierge et veux l'être toujours.

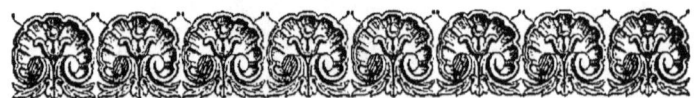

IL FAUT ARRIVER LE PREMIER

Mon cher, lève-toi de bonne heure
Si tu veux aller au marché ;
On a la chance bien meilleure
Qu'à rester trop longtemps couché.
Sache devancer les plus lestes,
Ne t'accommode pas des restes ;
Si tu veux la fleur du panier,
Il faut arriver le premier.

Et, si tu te mets en voyage,
Garde-toi bien d'être en retard :
Ne pas se bousculer est sage.
Sois là bien avant le départ.
Tout à l'aise chosis ta place ;
Pour que la foule ailleurs s'entasse
Et ne vienne pas t'ennuyer,
Il faut arriver le premier.

Et de même pour ton ouvrage.
Si tu l'attaques d'un bras fort,
Tu trouveras pour ton vieil âge
La récompense de l'effort.
Laisse dire les sots qui raillent :
Le monde est à ceux qui travaillent.
Entre tous si tu veux briller,
Il faut arriver le premier.

Puis, enfin, si tu te maries,
Pour que rien ne voile l'azur
De tes espérances fleuries,
Trouve, s'il se peut, un cœur pur ;
Et tu n'auras pas cette crainte
Qu'un autre ait laissé son empreinte
Et qu'il faudrait faire oublier :
Tâche d'arriver le premier.

LA FORCE DES LÉGENDES

—

Des écrivains ignorants, en délire
En entendant partout mêmes discours,
Sans documents, ont pris sur eux d'écrire
Que Dieu créa l'univers en six jours.
Cette légende a pris un tel empire,
Elle séduit encor tant d'esprits courts
Qu'on n'est pas sûr de pouvoir la détruire,
Et dans la Bible on l'imprime toujours.

Pour animer et féconder la terre,
Le monde ancien croyait que le soleil
Tournait autour d'elle et que sa lumière
L'éblouissait d'un splendide réveil.
Elle paraît immobile, la terre ;
Pour elle, autant de jours, autant de tours.
On le sait bien, mais on dit le contraire,
Et dans la Bible on l'imprime toujours.

Les livres saints de même nous apprennent
Que Josué, dans le feu du combat,
Craignant que les ombres de la nuit viennent
L'empêcher d'en finir avec éclat,
S'écrie : O Dieu ! que ton soleil m'exauce !
Je tuerai tout s'il ralentit son cours !
Tous, nous savons que cette histoire est fausse ;
Mais dans la Bible on l'imprime toujours.

Quand Dieu voulut punir par le déluge
Les vicieux, les méchants et les faux,
Il dit aux bons : Construisez un refuge !
Flottez dans l'arche avec les animaux !
Mais l'arche, eût-elle été cent fois plus grande,
Ne pouvait pas être à tous un secours.
Nous le voyons : Encore une légende !
Et dans la Bible on l'imprime toujours.

A LA MESSE

—

Air : *Urlurette, ma tante Urlurette.*

Le Dimanche est un beau jour.
A l'Église on se rend pour
Voir la foule qui se presse...
    A la Messe, *bis*   *bis*
  Nous prions sans cesse.

On met ses plus beaux habits,
Les perles et les rubis ;
On a l'air d'une duchesse.
    A la Messe,
  Nous prions sans cesse.

Tiens ! la femme de l'agent
Porte du lamé d'argent !
Elle a donc vidé la caisse ?
    A la Messe,
  Nous prions sans cesse.

La quête peut commencer.
Les fidèles vont glisser
Au plat quelque fausse pièce.
    A la Messe,
  Nous prions sans cesse.

Voyez Jeannette aux yeux bleus,
Qu'un marguillier amoureux
Vient de prendre pour maîtresse !..
    A la Messe,
  Nous prions sans cesse.

Ce vieux grigou qui consent
A prêter à cent pour cent
Par pure délicatesse.
    A la Messe,
  Nous prions sans cesse.

Voyez le triste manteau
Et le pauvre vieux chapeau
De madame La Mairesse.
    A la Messe,
  Nous prions sans cesse.

Prions pour le genre humain,
Prions pour notre prochain ;
Qu'il vive en toute allégresse.
    A la Messe, *bis*   } *bis*
  Nous prions sans cesse. }

TOUT VA POUR LE MIEUX

Ils ont pris l'enfant au berceau
Et sur son front répandu l'eau
Sanctifiante du Baptême,
Il sera la piété même ;
Ainsi marqué du sceau divin,
Devenu grand, de son voisin
Il n'ira pas voler les pommes.
    Car, lorsque les hommes
    Sont religieux,
    Tout va pour le mieux.

Supposeriez-vous qu'un croyant,
Devant Dieu toujours et priant,
Fasse des indélicatesses,
Ou se ravale à des bassesses ?
Tout le monde est à la vertu.
Le noir esprit du mal s'est tu :
C'est au paradis que nous sommes.
    Car, lorsque les hommes, etc.

C'est pour cela qu'on ne voit plus
De malheureux enfants pieds nus
En hiver, par un froid extrême,
L'estomac vide et le teint blême ;
Les riches aimant à vider
Leurs sacoches pour les aider
Et prodiguant de fortes sommes.

    Car, lorsque les hommes, etc.

Vous ne voyez plus de vieillards
Sur toutes les routes épars
Vers vous tendant leurs mains débiles ;
Pour eux l'on a fait des asiles
Où l'on paye en soins assidus
Les services qu'ils ont rendus ;
Tranquilles, ils font de longs sommes.

    Car, lorsque les hommes, etc.

Il faut en bénir le clergé ;
Par lui le monde est protégé.
Mécréants, cessez vos attaques !
Soumettons-nous ! faisons nos pâques !
Et, puisqu'il n'est pas exigeant,
Donnons-lui tout : pouvoir ! argent !
Ailleurs nous serons économes.

    Car, lorsque les hommes,
    Sont religieux,
    Tout va pour le mieux.

LES
ROMAINS DE LA DÉCADENCE

—

Devant le tableau de Thomas Couture,
au Musée du Louvre.

—

C'est une fête ou plutôt une orgie.
Les chevaliers ont déjà le hoquet,
Et la figure ou pâlie ou rougie ;
Le vin fumeux coule sur le parquet.
Les femmes sont des fruits où l'on peut mordre,
Cheveux flottants et seins nus, sans pudeur,
Et l'on s'épuise en un pareil désordre.
Rome sur toi, malheur! malheur! malheur!

Est-ce vraiment pour cela que vos pères
Étaient si grands dans leurs ambitions ;
Qu'ils revenaient triomphants de leurs guerres,
En rapportant tout l'or des nations ?
Tous ils rêvaient, pour leurs nobles lignées,
Gloire du nom, éclat, fortune, honneur ;
Craignez-vous pas leurs ombres indignées ?
Rome sur toi, malheur ! malheur! malheur !

Quoi ! parmi vous, vous qui devriez être
L'orgueil de Rome et l'exemple de tous,
Dans vos banquets, hélas ! on voit paraître
D'affreux vieillards plus cyniques que vous ?
Les voilà donc les soutiens de l'Empire,
Eux, que le vice a frappés de stupeur !
Ce qui devrait être meilleur est pire.
Rome sur toi, malheur ! malheur ! malheur !

Les lâchetés appelleront les hontes.
Nous seuls ici voyons grandir le mal ;
Oui, les vainqueurs viendront régler leurs comptes !
Ainsi parlait Tacite à Juvénal.
De se défendre aura-t-on le courage ?
Non ! la débauche est mère de la peur :
L'Italie est mûre pour l'esclavage.
Rome sur toi, malheur ! malheur ! malheur !

LA
SAVOYARDE DU SACRÉ-CŒUR

(Voir note n° 15, à la fin du volume).

Air des *Cancans*.

Oyez, Monsieur le Préfet !
Le tintamarre qu'on fait
Ébranle les alentours ;
Veut-on rendre pour toujours,
    Pour toujours, *bis*
Les gens de Montmartre sourds ? } *bis*

La Savoyarde répand
Ses bruits sur notre tympan
Et déchire nos cerveaux ;
Ça fait plaisir aux dévots.
    Pour toujours,
Prétend-on nous rendre sourds ?

Toute la butte en frémit
Et maudit celui qui mit
Cette belle idée au jour,
De gâter notre séjour.
    Pour toujours,
Prétend-on nous rendre sourds ?

Il vient des gens sans aveu,
D'autres ayant fait un vœu ;
Le beau sexe est attiré
Par des odeurs de curé.
    Pour toujours,
Prétend-on nous rendre sourds ?

Il faut payer pour la voir :
Tout prêtre aime à recevoir.
L'Univers ici s'abat
Dans un étrange sabbat.
    Pour toujours,
Prétend-on nous rendre sourds ?

Faites rendre aux Savoyards
Ce présent de leurs cafards ;
Montmartre vous chante en chœur :
Fermez donc le Sacré-Cœur !
    Pour toujours, *bis*   ⎱ *bis*
Prétend-on nous rendre sourds ? ⎰

DONNONS DES ENFANTS

A LA FRANCE

(Voir note n° 16, à la fin du volume).

AIR : *Elle aime à rire, elle aime à boire.*

Je sais un secret de mon père,
Qu'il avait retenu du sien ;
Le garder pour soi n'est pas bien.
Je dévoile donc le mystère.
Des femmes que nous chérissons
Implorons tous la complaisance.
Pendant longtemps il faut, en France, } *bis*
Ne plus créer que des garçons.

Vous savez le mal qui nous tue :
Pour faire figure et briller
On ne veut plus qu'un héritier,
Et la famille diminue.
C'est pourquoi nous nous empressons
De répandre notre science.
Pendant longtemps il faut, en France,
Ne plus créer que des garçons.

Nous sentons de prochaines guerres :
Préparons de meilleurs destins ;
L'Allemand, comme les lapins,
Met au monde des fourmilières.
Par mon moyen, rétablissons
En notre faveur la balance.
Pendant longtemps il faut, en France,
Ne plus créer que des garçons.

Pour cette chose non pareille....
Mais je vois que vous en doutez....
Eh bien !... approchez... écoutez....
Plus près, ça se dit à l'oreille....
Vous avez compris ?... Espérance !
. . . .
Pendant longtemps il faut, en France,
Ne plus créer que des garçons.

Nous rions ! mais la chose est triste.
Sommes-nous détériorés,
Impuissants ou dégénérés ?
Je rougis qu'un tel doute existe.
Oh ! mes chers amis, redressons
L'opinion qui nous offense.
Largement donnons à la France
Et des filles et des garçons.

Eh ! quoi, nous n'aurons plus de filles,
Elles qui sont charme et douceur ?
Mais ce serait manquer de cœur.
Revenons aux grandes familles.
Fi de la fortune ! agissons !
Mesdames, plus de reticence.
Largement donnons à la France } bis
Et des filles et des garçons.

LE CONGRÈS DES RELIGIONS

EN 1900

(Voir note n° 17, à la fin du volume).

Air des *Cancans*; ou *Trou la la*.

De tant de bruits excédé,
A Guignol j'ai demandé
Si l'on veut couvrir de fiel
Le pauvre abbé Charbonnel.
    Tu sais tout,
     Dis-moi tout,
Renseigne-moi jusqu'au bout. } *bis*

Et Guignol m'a répondu :
Le Saint-Père est éperdu,
Peut-être que je devrais
Garder mieux tous ses secrets.
    Je sais tout,
    Je dis tout,
Sois renseigné jusqu'au bout.

L'abbé voudrait qu'un Congrès
Fût réuni tout exprès ;
On entendrait les champions
Touchant les religions.
    Je sais tout,
    Je dis tout,
Sois renseigné jusqu'au bout.

Les Cardinaux, en fureur,
Jettent un long cri d'horreur ;
Va-t-on laisser Jésus-Christ,
La Vierge et le Saint-Esprit ?
  Je sais tout,
  Je vois tout,
Sois renseigné jusqu'au bout.

Quoi ! disent-ils, nous régnons.
Gardons ce que nous tenons.
On pourrait choisir Allah,
Ou même le Dieu Bouddha.
  Je sais tout,
  Je vois tout,
Sois renseigné jusqu'au bout.

Ainsi Guignol me parla.
On ne verra pas cela.
Ce serait fermer le Ciel,
Et le Christ est éternel.
  Dieu sait tout,
  Il voit tout, } *bis*
Et se défend jusqu'au bout.

MUSE SANS LE SAVOIR

—

A Madame G.... H.... hommage respectueux.

—

Dimanche soir, « La Lice » était
En plein triomphe. Elle chantait
Comme aux plus beaux jours de liesse.

Quand le chansonnier rit, tout rit.
Les chansons pétillent d'esprit
Et se piquent de gentillesse.

Ce fut une électricité.
Les dames étaient en beauté,
Et tous les cœurs à la tendresse.

L'une d'elles qu'on entourait,
La Muse qui nous inspirait,
Modeste, ne se doutait guère

Du pouvoir qu'elle avait sur nous.
Quand le soleil luit, c'est pour tous.
Jouit qui peut de sa lumière.

Connaît-elle son charme ? Non.
Et si je n'écris pas son nom,
Ce sera pour elle un mystère.

AMIS INGRATS

—

Qu'elle est triste ma solitude !
Nous avions des amis nombreux,
Ma femme faisait tout pour eux,
Leurs goûts étaient sa seule étude ;
Nous voulions toujours les avoir.
La maison, pour les recevoir,
A deux battants ouvrait sa porte.

Depuis que ma chérie est morte,
Je ne sais pour quelle raison
Ils ont déserté ma maison.

Nous avions alors table ouverte.
Ils étaient gais, je les aimais ;
A la fin des repas, jamais
De plaisanterie un peu verte.
Non ! non ! pas un d'entre eux n'osait.
Ma femme leur en imposait ;
En bienséance elle était forte.

Depuis que ma chérie est morte,
Je ne sais pour quelle raison
Ils ont déserté ma maison.

S'ils avaient des galanteries,
C'est ce que je n'ai jamais su ;
Je me serais bien aperçu
Des petites cachotteries.
Devant ma femme on en causait,
Mais ce sujet lui déplaisait :
Ils sont libres ! que nous importe !

Depuis que ma chérie est morte,
Je ne sais pour quelle raison
Ils ont déserté ma maison.

Ainsi j'étais heureux, tranquille.
Elle, toute à ses goûts mondains,
Allait courir les magasins,
Faisait des visites en ville.
Et j'avais le plaisir, parfois,
De voir qu'ils la menaient au bois,
Tout fiers de lui servir d'escorte.

Depuis que ma chérie est morte,
Je ne sais pour quelle raison
Ils ont déserté ma maison.

Ils sont partis ! Et ma cuisine,
Sans poésie et sans saveur,
Ne peut adoucir mon malheur ;
Et toujours la douleur me mine.
Toi qui vois d'en haut, n'est-ce pas
Que tu les trouves bien ingrats,
De m'abandonner de la sorte ?

Depuis que ma chérie est morte,
Je ne sais pour quelle raison
Il ont déserté ma maison.

CIRCULAIRE D'UN PHARMACIEN

Voir note n° 18, à la fin du volume).

Air : *Faut d' la vertu, pas trop n'en faut.*

Je reçois une circulaire
Que m'adresse un pharmacien ;
Sur ses confrères il m'éclaire,
Ça doit être un homme de bien.
Non ! dit-il, n'achetez jamais } *bis*
De la pharmacie au rabais.

Aveugles sont ceux qui se fient
A ces gens dignes de mépris
Qui mixtionnent, falsifient,
Et fournissent dans les bas prix.
    Non ! dit-il, etc.

Ne pénétrez pas dans leurs antres.
Pour vous c'est là le vrai danger ;
Leurs pilules gonflent les ventres,
Resserrent, au lieu de purger.

    Non ! dit-il, etc.

Ils donnent, au lieu de *pepsine*,
De la *dextrine*. Sachez donc
Qu'à leur *sulfate de quinine*
Ils mêlent un tiers d'amidon.

    Non ! dit-il, etc.

Par leur science de la fraude,
La *créosote* est *gaïacol ;*
Ils font la teinture d'*iode*
Avec du mauvais *alcool*.

    Non ! dit-il, etc.

Venez chez moi, venez sans craindre,
J'ai de meilleurs médicaments ;
Vous n'aurez jamais à vous plaindre.
Je n'attends que des compliments.

    Non ! dit-il, etc.

Vous le voyez, je suis modeste.
Allons ! plus de calculs mesquins.
Lorsque l'on est bien, on y reste.
Vous n'irez plus chez les coquins.

    Non ! dit-il, etc.

Laissez tomber dans l'indigence
Le charlatan sur son tréteau ;
Qu'en ma faveur votre balance
Fasse enfin pencher le *Plateau* (1).
Non ! dit-il, n'achetez jamais ⎫
Votre pharmacie au rabais.   ⎬ bis

___

(1) **Plateau** est le nom du Pharmacien à la circulaire.

LA MAISON MAJORELLE FRÈRES

DE NANCY

—

Air : *J' suis né Paillasse et mon papa* (Béranger).

Ami, tu vas te marier,
Et tu penses, sans doute,
A commander un mobilier...
Et le beau cela coûte !
Tu suis le courant,
Plus fort qu'un torrent,
Où va la clientèle ;
C'est mauvais ici,
Prends tout à Nancy,
Aux frères Majorelle.

Paris semble s'abandonner,
Il est tout à ses grèves ;
Et, là-bas, ils savent donner
Une forme à leurs rêves.
Il sort de leurs mains
Des meubles divins,
Conçus par leur cervelle ;
Et les objets d'art
Ne sont autre part
Que chez les Majorelle.

Cette maison, de père en fils,
   Grandit en renommée ;
Du souffle des progrès acquis
   Elle est tout animée.
    Elle se fait loi
    De la bonne foi ;
   Voilà ce qu'on dit d'elle.
    Et l'on sait partout
    Quel est le bon goût
   Des frères Majorelle.

Par la vapeur tout va marcher
   Dans leur immense usine ;
Ils ne veulent pas s'enticher.
   Arrière la routine !
    Non ! non ! en avant !
    Toujours concevant
   Quelque mode nouvelle,
    Ils sont l'action
    Et l'invention,
   Les frères Majorelle.

MISTRAL

Air : *Ma tante Urlurette.*

Le Poète provençal
Au nom éclatant Mistral
Laisse la langue française.
    A son aise, *(bis)*
    Qu'il fasse à son aise. } *bis*

Le français est trouble, obscur ;
Le provençal, clair et pur ;
On comprend que mieux il plaise.
    A son aise, *(bis)*
    Qu'il fasse à son aise.

Tant pis pour toi qui ne sais
Bonnement que le français ;
Tant pis que ça te déplaise.
    A son aise, *(bis)*
    Qu'il fasse à son aise.

Libre à lui de ne chercher
Qu'une gloire de clocher,
Peut-être de diocèse ?
    A son aise, *(bis)*
    Qu'il fasse à son aise.

Bientôt la France apprendra
Cette langue et rougira
D'avoir été si niaise.
    J'en suis aise, (bis)
    Vraiment, j'en suis aise.

On verra nos écrivains
Imiter les vers divins
Jaillis de cette fournaise.
    J'en suis aise, (bis) ⎫
    Vraiment, j'en suis aise. ⎭ bis

LE CONSEIL MUNICIPAL

ET LE MÉTROPOLITAIN

AIR : *Trou la la,* ou *des Cancans.*

Le Conseil municipal
Sur son droit est à cheval ;
Nous savons bien ce qu'il veut :
C'est s'opposer tant qu'il peut.
    C'est bien fait *bis* } *bis*
De rembarrer le Préfet. }

Pour le Métropolitain
Il n'a pas beaucoup d'entrain ;
Dix fois il fut présenté,
Dix fois il fut rejeté.
    C'est bien fait *bis*
De rembarrer le Préfet.

On a fait beaucoup de plans ;
D'aucuns étaient excellents,
Mais on les a repoussés.
Les projets sont enfoncés.
 C'est bien fait *bis*
De rembarrer le Préfet.

On les a modifiés,
Ensuite rectifiés,
Mais c'est toujours de travers :
Le Conseil en a ses nerfs.
 C'est bien fait *bis*
De rembarrer le Préfet.

Enterrez la question.
Vienne l'Exposition,
Et l'on se trouve impuissant
Pour la fête en dix-neuf cent.
 C'est bien fait *bis*
De rembarrer le Préfet.

Alors le Gouvernement,
Dans ce grand encombrement,
N'ayant pas fait ce qu'il faut,
Se sera mis en défaut.
 C'est bien fait, *bis* ⎫
Et qu'on pende le Préfet ! ⎬ *bis*

DANS LE MONDE

Air : *Bonjour, mon ami Vincent*.

Hier, Madame, au salon,
  Reçut beaucoup de visites,
Et j'entendis tout au long
  Les choses qui furent dites.
 La médisance allait son train,
On déshabillait tout nu le prochain ;
  Les langues, tout de miel confites,
Piquaient gentiment : chacun y passait.
Et le bon Dieu sait tout ce qu'on pensait !
Et l'on jacassait ! et l'on jacassait !

 La dame qui sort d'ici,
  Nous contait l'une d'entre elles,
A l'esprit trop rétréci,
  Tandis que ses demoiselles,
 En proie à leur tempérament,
Ont le cœur ouvert par trop largement
  Et font des escapades telles...
Mais pouvons-nous croire à ce qu'on disait ?
Et le bon Dieu sait tout ce qu'on pensait !
Et l'on jacassait ! et l'on jacassait !

La grande est tout en douceur
Pour Alphonse, son beau-frère ;
La jeune à sa belle-sœur
Veut enlever son beau-père.
Cela fait un méli-mélo
Qui ne paraît pas si clair que de l'eau,
Et jamais ne comprit la mère
Que, chacun son tour, on se remplaçait.
Et le bon Dieu sait tout ce qu'on pensait !
Et l'on jacassait ! et l'on jacassait !

Alphonsine est beaucoup mieux.
C'est une vraie innocence,
Elle baisse ses beaux yeux
Avec un air de décence ;
Personne n'a jamais rien su,
Mais il est certain qu'on s'est aperçu
De sa mystérieuse absence,
Et que fort changée elle paraissait.
Et le bon Dieu sait tout ce qu'on pensait !
Et l'on jacassait ! et l'on jacassait !

Ces gens vont un train d'enfer !
A la mer trop de dépense !
Souvent les chemins de fer
Mènent plus loin qu'on ne pense !

On les soupçonne ruinés ;
Le père est couvert d'habits tout fanés.
Et, pour finir cette séance,
Sur d'autres sujets on recommençait.
Et le bon Dieu sait tout ce qu'on pensait !
Et l'on jacassait ! et l'on jacassait !

C'EST UN GARÇON QUI N'AURA

JAMAIS RIEN

—

(Voir note n° 19, à la fin du volume).

—

Oui ! c'est bien moi. J'apporte des nouvelles.
Oui ! tout bouillant, j'arrive de Paris ;
Et vous allez en apprendre de belles,
Car j'ai passé huit jours chez votre fils.
Il est par trop enclin à la dépense,
Entre ses mains glissera tout son bien ;
Si vous voulez savoir ce que j'en pense :
C'est un garçon qui n'aura jamais rien.

Il est vraiment magnifique et se cambre.
J'étais timide, en un embarras tel
Qu'il dit : Ami, je te prête une chambre
Où tu seras beaucoup mieux qu'à l'hôtel ;
Il fit alors, par le cocher qui jure,
Et qu'il rendit servile comme un chien,
Monter ma malle et paya ma voiture :
C'est un garçon qui n'aura jamais rien.

Le lendemain, la journée étant claire,
— Oh ! nul ne fait les choses comme lui —
Il me disait : J'écris au ministère,
Je n'irai pas travailler aujourd'hui.
Et nous partons. — Il sait tout. C'est miracle.
Après avoir dîné chez *Ledoyen*,
Nous finissons la soirée au Spectacle :
C'est un garçon qui n'aura jamais rien.

Sur le sujet de la galanterie
Je le suppose abondamment pourvu ;
Mais l'affirmer, ce serait menterie.
Je ne sais rien de rien, je n'ai rien vu.
Or, le beau sexe à propos est facile
Quand il vous croit posséder le moyen ;
Et votre fils à convaincre est habile :
C'est un garçon qui n'aura jamais rien.

Paris est un gouffre, avec le pourboire.
Pourboire ici, pourboire encor là-bas.
Payant partout, il s'en faisait accroire,
Et les garçons le saluaient bien bas.
En mariage il recherche Ernestine
Uniquement pour l'amour de son bien.
Mon devoir est d'avertir ma cousine :
C'est un garçon qui n'aura jamais rien.

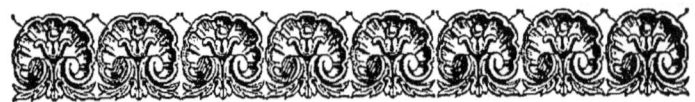

LA FIN

DU DIX-NEUVIÈME SIÈCLE

Ce que m'ont dit mon père et mon grand-père
Sur le passé m'est resté dans l'esprit.
Le bon vieux temps ! Mais c'était la misère
Et la famine. On l'a cent fois décrit.
Et je sais bien ce que j'ai vu moi-même ;
Il s'est produit un heureux changement.
On peut juger le siècle dix-neuvième :
La fin vaut mieux que le commencement.

J'ai vu jadis bien des terres en friche.
Dans le pays point de chemins pavés.
Et pas d'argent. Personne n'était riche.
Aujourd'hui, tous les champs sont cultivés.
Le sol de France est sillonné de routes,
Et sur les rails on roule éperdument.
Voilà de quoi répondre à tous les doutes :
La fin vaut mieux que le commencement.

On ignorait presque le télégraphe,
Qui se taisait dans les jours sans clarté.
Se doutait-on de l'art du photographe ?
Et qui pensait à l'électricité ?
Et tous les Dieux de la littérature !
Ces doux rayons de notre firmament !
Et les secrets ravis à la nature !
La fin vaut mieux que le commencement.

Pasteur fut-il puissant par la Science !
Il accomplit un travail effrayant ;
Son nom, parmi les gloires de la France,
Son nom est comme un astre flamboyant.
La somme des maux est atténuée ;
La mort craintive arrive lentement,
Elle se sent un peu diminuée :
La fin vaut mieux que le commencement.

Sans doute il est encor bien des misères.
Mais travaillons, mes frères, travaillons !
Voyez le peu qu'ont su faire nos pères,
Voyez aussi tout ce que nous pouvons.
Un nouveau siècle à nos regards va luire,
Et, pour ma part, je souhaite ardemment
Que dans cent ans nos enfants puissent dire :
La fin vaut mieux que le commencement.

Mais nous savons, au dedans de nous-mêmes,
Au fond, là, tout au fond de notre cœur,
Qu'ayant subi les outrages suprêmes,
Nous nous devons d'en punir le vainqueur.
Il n'a gagné que la première manche,
Mais elle vient l'heure du châtiment !
Nous nous dirons, au jour de la revanche :
La fin vaut mieux que le commencement.

LES PLAINTES D'UNE DAME

AU SUJET DE SA BONNE

—

Air : *Bonjour, mon ami Vincent.*

Chère Madame, êtes-vous
Contente de votre bonne ?
La mienne est très en dessous
Et toujours elle bougonne.
Il faut lui voir faire son nez !
Presque tous ses plats servis calcinés !
Ne voulant écouter personne ;
De ce qu'on dit ne faisant aucun cas.
Mon Dieu, quel tracas et quels embarras !
Non, je n'en dors pas ! non, je n'en dors pas !

Vous n'imaginez pas son
Manque de soin et de zèle ;
S'il est un mauvais poisson
Sur le marché, c'est pour elle.
Je lui répète tant et tant
Qu'un dîner bien fait rend le cœur content,
Ça n'entre pas dans sa cervelle ;
Elle continue à rater ses plats.
Mon Dieu, quel tracas et quels embarras !
Non, je n'en dors pas ! non, je n'en dors pas !

Et l'on comprend qu'elle soit
Tout en l'air et tout caprice ;
Sitôt qu'un homme la voit,
Il ne pense plus qu'au vice ;
Et tous les cochers d'omnibus
Mènent de travers, tant ils sont émus ;
Et dans l'escalier de service
Toujours des pompiers ! toujours des soldats !
Mon Dieu, quel tracas et quels embarras !
Non, je n'en dors pas ! non, je n'en dors pas !

A mon mari je me plains,
Car ce n'est pas de quoi rire.
Ma chère, dit-il, je crains
Que nous tombions encor pire.
Nous avons dû souvent changer,
Cela ne va pas sans quelque danger ;
Les galants qu'une bonne attire
Ne sont quelquefois que des scélérats.
Mon Dieu, quel tracas et quels embarras !
Non, je n'en dors pas ! non, je n'en dors pas !

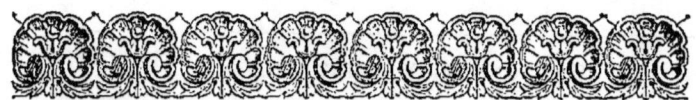

LES PLAINTES D'UNE BONNE

—

Air : *Bonjour, mon ami Vincent.*

    Hier, chez le boulanger
    Je vis entrer une bonne
    Qui disait : je veux changer ;
    Madame est trop tatillonne.
  Prenez ceci ; posez cela ;
Mettez cette assiette et ce couteau là ;
  Et votre soupe n'est pas bonne ;
Et vos haricots nagent dans leur jus.
Ma tête se fend, mes os sont moulus.
Non, je n'en puis plus ! non, je n'en puis plus !

    Son manteau de mille francs,
    Ses toilettes différentes
    Et son collier à cinq rangs
    Ayant absorbé ses rentes,
  Elle regarde au pain qu'on prend ;
Je fais deux repas avec un hareng,
  Et j'ai les jambes vacillantes,
L'estomac qui crie et les yeux battus.
Ma tête se fend, mes os sont moulus.
Non, je n'en puis plus ! non, je n'en puis plus !

Donne-t-elle un grand dîner,
La dépense est grosse affaire ;
Mais à quoi bon lésiner ?
Belle victuaille est chère.
Le succès d'un plat est-il grand,
Ça la coupe en deux si l'on en reprend ;
Il faudrait voir sa peine amère,
Les regrets qu'elle a des vins qui sont bus.
Ma tête se fend, mes os sont moulus.
Non, je n'en puis plus ! non, je n'en puis plus !

Pour son argent, par raison
Monsieur l'avait épousée ;
Mais c'était un vieux garçon,
Sa force s'est épuisée ;
Comme elle a du tempérament,
Il est froid devant son emportement ;
De là, sa colère aiguisée
Qui s'en prend à moi des rêves déçus.
Ma tête se fend, mes os sont moulus.
Non, je n'en puis plus ! non, je n'en puis plus !

L'autre jour, Madame était
Pâle comme une harpie ;
Le médecin qui sortait
Dit : préparez la charpie.
Et, comme il est très échauffé,
Il ne prendra ni bière, ni café :
Je ne sais pas ce qu'il expie,

Les mots prononcés me sont inconnus.
Ma tête se fend, mes os sont moulus.
Non, je n'en puis plus ! non, je n'en puis plus !

    Enfin, je voudrais quitter
    Dans quelques jours cette boîte ;
    D'aller ailleurs tout conter
    Je serais bien maladroite,
  Comprenez vous, si je disais
Seulement le quart de ce que je sais.
    Non ! agissons en femme droite
Qui veut oublier les torts qu'ils ont eus.
Ma tête se fend, mes os sont moulus.
Non, je n'en puis plus ! non, je n'en puis plus !

LES SAINTS

DE LA CATHÉDRALE DE REIMS

—

Vous connaissez de Reims la cathédrale.
Les Saints de pierre exhalent leur douleur ;
Sous le portail la plainte est générale
Et tout ce bruit arrive à Monseigneur.
Ah ! disent-ils, les mauvais vents nous glacent !
Tous les dégels sont suivis d'accidents,
Quand dans le chœur d'heureux Saints se prélassent !
Ah ! mettez-les dehors et nous dedans.

Oui, nous laisser si longtemps n'est pas juste.
Nous sommes là depuis quatre cents ans ;
L'Apôtre Jean se délite du buste,
Et ses morceaux par terre sont gisants.
Voyez ! nos bras et nos têtes se cassent !
Tant les hivers sont pour nous dégradants,
Quand, dans le chœur, d'heureux Saints se prélassent !
Ah ! mettez-les dehors et nous dedans.

Encor si nous étions de purs chefs-d'œuvre !
Mais nous savons n'être que des magots,
Sortis manqués de la main du manœuvre,
Quoique admirés par de simples nigauds.
Quand devant nous les belles dames passent,
C'est sans nous voir. Non ! leurs regards ardents
Cherchent au chœur les Saints qui se prélassent.
Ah ! mettez-les dehors et nous dedans.

Les Saints du chœur, entendant ce vacarme,
Ont répondu : Changer ? nous voulons bien.
Si vous croyez que la place nous charme,
Vous jurerez bientôt qu'il n'en est rien.
Tous les sermons que les prêtres ressassent
Vous crisperont, tant ils sont obsédants.
En remplaçant les Saints qui se prélassent,
Vous-mêmes vous vous serez mis dedans.

AVOCAT SOCIALISTE

—

Je connais un avocat
Qui brille d'un bel éclat
Et grise avec sa parole ;
Il est le grand chef d'école,
La lumière, l'idéal,
L'ange de l'impôt global.
 Les bons socialistes
 Et les collectivistes
  Sont des gobeurs,
  Ou des hâbleurs,
  Ou des farceurs.

Il a de l'autorité,
Parce qu'il a bien flatté
La foule et sut tout promettre ;
Quand il sera le seul maître,
Quand il dira : prenez tout !
On obéira partout.
 Les bons socialistes, etc.

Ainsi j'aurai travaillé
Et me verrai dépouillé·
Par des gens que la paresse
A réduits à la détresse !
Ah ! c'est bien encourageant
De gagner pour eux l'argent !

  Les bons socialistes, etc.

Par qui seront cultivés
Tous les champs collectivés ?
Travailler la terre lasse,
Et le grand soleil harasse.
Nous ! de nobles artisans !
Sommes-nous des paysans ?

  Les bons socialistes, etc.

S'ils l'avaient, le capital,
Ils n'en diraient plus de mal ;
Ces affreux capitalistes
Ont bien sujet d'être tristes
Quand l'avocat envieux
Les dénonce aux malheureux.
  Les bons socialistes
  Et les collectivistes
    Sont des gobeurs,
    Ou des hableurs,
    Ou des farceurs.

LA BAVARDE

Musique de Victor Bériot,

Ou Air : *Ma tante Urlurette.*

—

Ma voisine aime à parler
Et de tout veut se mêler.
C'est du venin qu'elle darde.
    La bavarde ! *bis*
  Ah ! quelle est bavarde. } *bis*

D'un petit air négligé
N'a-t-elle pas dit que j'ai
La langue d'une poissarde ?
    La bavarde ! *bis*
  Ah ! qu'elle est bavarde.

Pour peu que cela me plût
Je vous dirais quelle fut
En son temps une gaillarde.
    La bavarde ! *bis*
  Ah ! qu'elle est bavarde.

Sa mère est de même au fond,
Et sa fille d'amour fond
Quand un homme la regarde.
    La bavarde ! *bis*
  Ah ! qu'elle est bavarde.

Joseph son pauvre mari,
De jalousie a péri,
S'embrochant jusqu'à la garde.
    La bavarde ! *bis*
  Ah ! quelle est bavarde.

Ils étaient marchands de bois
Et ne vendaient qu'à faux poids ;
Aussi c'est une richarde.
    La bavarde ! *bis*
  Ah ! qu'elle est bavarde.

Chez elle allez-vous dîner,
Il vous faut examiner
Une toilette criarde.
    La bavarde ! *bis*
  Ah ! qu'elle est bavarde.

On ne peut pas dire un mot,
Tout le monde a l'esprit sot ;
Au nez j'en ai la moutarde.
    La bavarde ! *bis*
  Ah ! qu'elle est bavarde.

Son père guillotiné
Pour avoir assassiné !..
Mais de me taire il me tarde.
    La bavarde ! *bis*
  Ah ! qu'elle est bavarde.

Ah ! si je voulais parler...
J'en aurais à défiler...
Mais, discrète, je m'en garde.
    La bavarde ! *bis*   } *bis*
  Ah ! qu'elle est bavarde.

LE MONUMENT

DE GUSTAVE NADAUD

INAUGURÉ A ROUBAIX, LE 11 OCTOBRE 1896.

—

A Messieurs les Roubaisiens.

Le chansonnier que Roubaix a vu naître
Devait avoir le plus heureux destin ;
Dès sa jeunesse, il s'était fait connaître
Et s'éveilla célèbre, un beau matin.
Pour que chez vous son nom se perpétue,
De purs rayons de gloire couronné,
Vous érigez à Nadaud sa statue
Et lui rendez ce qu'il vous a donné.

Rien que d'avoir vu grandir ce génie,
Sa ville en est illustre à tout jamais ;
Déjà, depuis que sa vie est finie,
On dit : C'est le poète de Roubaix.
On parlera de lui comme d'Horace,
Pour qui l'on s'est toujours passionné ;
En exaltant ce fils de votre race,
Vous lui rendez ce qu'il vous a donné.

De votre race, il en était, sans doute.
Il vivait près des grands industriels ;
Le colossal était là, sur sa route,
Allait-il faire ainsi que tels et tels ?
Lui ne pouvait marcher dans cette voie,
C'est par son art qu'il était entraîné ;
Il fit des chants qui vous mirent en joie.
Vous lui rendez ce qu'il vous a donné.

Ses amis de *La Lice chansonnière*,
Le cœur épris du grand, du bon, du beau,
L'écoutaient comme on écoute son père ;
On le suivait comme on suit le drapeau.
Je vous apporte ici mon témoignage,
De souvenirs tout émotionné,
Et j'applaudis à ce suprême hommage :
Vous lui rendez ce qu'il vous a donné.

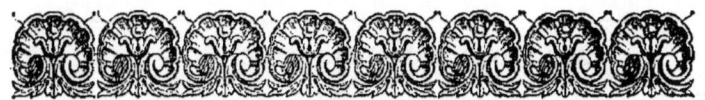

CONSEILS

D'UNE MÈRE A SA FILLE

Une chanson avec le même titre figure dans la 2e édition
du premier volume.

Ma chère enfant, tu ne sais pas la vie,
Et, jusqu'ici, je n'ai pu, par respect
Pour la candeur de ton âme ravie,
T'en révéler le véritable aspect.
Mais à t'instruire à présent tout m'invite,
Car je mûris un projet sans pareil,
Pour ton bonheur. Écoute bien ; profite.
Crois-moi, ta mère est ton meilleur conseil.

J'ai remarqué qu'avec le voisin Charles
Ton air est froid et souvent dédaigneux ;
Pourtant, lorsque gentiment tu lui parles,
Il te respire, il te couve des yeux.
Ce bon garçon, outre son vrai mérite,
A de l'argent et des biens au soleil ;
A l'épouser décide-toi ; profite.
Crois-moi, ta mère est ton meilleur conseil.

Va, je comprends tout ce qui t'inquiète ;
Il tient à vivre avec ses vieux parents,
Mais, toi, tu voudrais qu'il fît maison nette.
Eh ! le peut-il ? ses embarras sont grands.
Tout lui vient d'eux ; faut-il qu'il les irrite ?
Déjà la peur les a mis en éveil.
Consens à tout ; accepte-les ; profite.
Crois-moi, ta mère est ton meilleur conseil.

D'ailleurs ils ont des qualités fort rares ;
Dans la maison très utiles encor,
Ils tiendront tout sous clé, les vieux avares !
Et vous vaudront au moins leur pesant d'or.
Heureux lorsque l'intérêt les excite,
Ils ne pourront troubler votre sommeil.
Et c'est pour vous qu'ils travaillent ; profite.
Crois-moi, ta mère est ton meilleur conseil.

Si de les voir toujours là te chagrine,
Leur air étant aussi par trop commun,
Tu les feras manger à la cuisine
Toutes les fois que vous aurez quelqu'un.
Le soir venu, fais-les coucher de suite,
En les fixant sur l'heure du réveil.
Sois fine, agis tout en douceur ; profite.
Crois-moi, ta mère est ton meilleur conseil.

En attendant que la mort les délivre,
Continuez le train de la maison ;
Après, changez de manière de vivre,
Élargissez beaucoup votre horizon.
Chez le Préfet vous irez en visite !
Vous recevrez en pompeux appareil !
Quel avenir ! quelle gloire ! profite.
Crois-moi, ta mère est ton meilleur conseil.

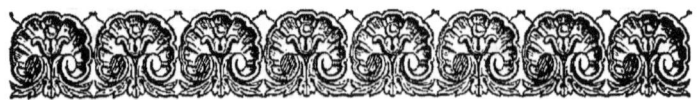

UN GENTIL MÉNAGE

—

Je connais un gentil ménage,
Où le monde voudrait en vain
Trouver le plus léger nuage
Dans leur beau ciel toujours serein.
Chez eux tout est charme et sourire ;
Et pourtant ils disent tout bas :
Dieu fasse qu'il ou qu'elle expire !
Ce serait un bon débarras.

Je ne veux pas entrer en lutte
Ni lui rappeler certains faits,
Dit la femme. Point de dispute ;
Je fais tout pour avoir la paix.
Il n'est plus temps de me dédire,
Mais, au fond, je me dis tout bas :
Mon Dieu, permettez qu'il expire !
Ce serait un bon débarras.

— Si je me mettais en colère
Cela ne servirait à rien,
Dit le mari ; laissons-la faire,
Tailler, brouiller, je le veux bien
Et me garde de contredire.
Mais, au fond, je me dis tout bas :
Mon Dieu, permettez qu'elle expire !
Ce serait un bon débarras.

— Ce qui me cause de la gêne,
C'est de me coucher près de lui ;
Non pas qu'il ait mauvaise haleine,
Pour ce défaut je l'aurai fui.
Par quoi donc put-il me séduire ?
Mais, au fond, je me dis tout bas :
Mon Dieu, permettez qu'il expire !
Ce serait un bon débarras.

— Enfin, telle qu'elle est, ma femme,
J'en suis encore presque fier ;
Si c'était une méchante âme,
Nous vivrions comme en enfer.
Si j'allais ailleurs, j'aurais pire.
Mais, au fond, je me dis tout bas :
Mon Dieu, permettez qu'elle expire !
Ce serait un bon débarras.

— Je lui ferais des funérailles
A le faire frémir d'orgueil,
A le prendre par les entrailles,
S'il pouvait jouir du coup d'œil
Et voir les regrets qu'il m'inspire.
Mais, au fond, je me dis tout bas :
Mon Dieu, permettez qu'il expire !
Ce serait un bon débarras.

— Si Dieu voulait me la reprendre,
Je maîtriserais mes transports ;
Je jurerais près de sa cendre
De l'accompagner chez les morts ;
Je parlerais de me détruire...
Mais, au fond, je dirais tout bas :
Mon Dieu, permettez qu'elle expire !
Ce serait un bon débarras.

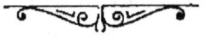

MONSEIGNEUR L'EVÊQUE

EN TOURNÉE PASTORALE

Air : *Bonjour, mon ami Vincent.*

Monseigneur étant venu
  Confirmer dans la paroisse,
  A de suite reconnu
  Dans une sorte d'angoisse
  Que les enfants sont moins nombreux
Et n'ont pas du tout l'air respectueux ;
  Monsieur le curé, qui s'en froisse,
Répond : C'est la faute à l'instituteur.
C'est l'instituteur ! c'est l'instituteur !
C'est l'instituteur ! c'est l'instituteur !

  Oui ! l'instituteur détruit
    Notre œuvre avec ses systèmes ;
    Nous voulons l'enfant instruit,
    Mais qu'il le soit par nous-mêmes ;
  Nous n'enseignons que notre foi,
Ne reconnaissant jamais d'autre loi ;
  Tout ce qu'il dit n'est que blasphèmes,
Mais l'on aime mieux croire ce trompeur.
Oui, notre ennemi : c'est l'instituteur.
C'est l'instituteur ! c'est l'instituteur !

Les jours de procession,
  Qui suit nos saintes bannières ?
  Et pour l'adoration
  Nous n'avons que des commères.
 Jamais un homme n'y paraît :
Aller comploter est ce qui lui plaît.
  Qui leur a donné ces manières ?
Le comprenez-vous, enfin, Monseigneur ?
C'est l'instituteur ! c'est l'instituteur !
C'est l'instituteur ! c'est l'instituteur !

  Je vous l'ai déjà conté,
   Ici grande est l'avarice ;
   Et, parfois, je suis tenté
   De planter là le service.
  Croyez que mon sort est cruel :
Je ne reçois rien de mon casuel,
   Ma vie est un long sacrifice.
 Et depuis quel temps me vient ce malheur ?
Depuis qu'est ici cet instituteur.
C'est l'instituteur ! c'est l'instituteur !

   Ce qui m'affecte surtout
   Et jusques au fond me mine,
   C'est qu'on me reçoit partout
   Avec une froide mine.
  Je me demande à quel propos
On se permet de me tourner le dos,
   Malgré ma mission divine ?

J'en accuse ici mon persécuteur.
C'est l'instituteur ! c'est l'instituteur !
C'est l'instituteur ! c'est l'instituteur !

  Et Monseigneur répondit :
  Partout c'est la même chose ;
  Pour les gens de notre habit
  Tout n'est pas couleur de rose.
 Nous passons de mauvais moments,
Mais dissimulez vos ressentiments ;
 Nous ferons triompher la cause,
Et la vérité chassera l'erreur.
Oui ! notre ennemi : c'est l'instituteur !
C'est l'instituteur ! c'est l'instituteur !

PRÉDICATION DE SAINT PAUL

A ÉPHÈSE

AU MUSÉE DU LOUVRE (salle XIV)

(Voir note n° 20, à la fin du volume).

—

Je connais un tableau plein d'éloquence,
On ne le voit jamais sans s'étonner ;
Saint Paul, prêchant la nouvelle croyance,
Contre le culte ancien vient de tonner :
Le geste est bref et la parole ordonne,
On sent qu'en lui la colère bouillonne :
Brûlons ! brûlons tous les livres ! brûlons !
Oui, tout au feu ! brûlez ! nous le voulons.

Et la terreur rend la foule muette.
Mettez en tas les auteurs détestés :
L'historien, le conteur, le poète,
Tous mécréants. Apportez ! apportez !
Allez fouiller dans les vieilles archives !
Les parchemins donnent des flammes vives.
Brûlons ! brûlons tous les livres ! brûlons !
Oui, tout au feu ! brûlez ! nous le voulons.

Il ajouta : Périsse la science
Si la science est contraire à la foi ;
Et les faux Dieux garderont le silence !
Nous imposons par force notre loi.
Vous comprendrez, tristes enfants du doute,
Ce qu'il en cuit d'être sur notre route.
Brûlons ! brûlons tous les livres ! brûlons !
Oui, tout au feu ! brûlez ! nous le voulons.

De tous côtés surgissent sur la place
Des types bas, servants du nouveau Dieu,
L'œil plein de rage, aux lèvres la menace :
Dans leur saint zèle ils allument le feu.
Tous accroupis, leurs faces se boursouflent ;
Sur les tisons c'est la haine qu'ils soufflent.
Brûlons ! brûlons tous les livres ! brûlons !
Oui, tout au feu ! brûlez ! nous le voulons.

Celui qui fit ce tableau mirifique
Avait pour nom Eustache Lesueur.
Sa pensée est restée énigmatique.
Était-il en un jour de belle humeur ?
Est-ce dans un immense éclat de rire
Qu'il composa cette forte satire ?
Ou disait il aussi : Brûlons ! brûlons !
Oui, tout au feu ! brûlez ! nous le voulons ?

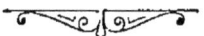

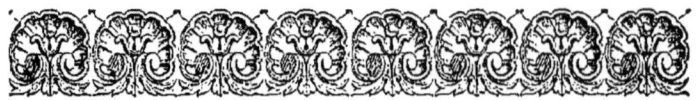

SI NOUS N'ÉTIONS PAS LA?

Société, tu flétris les escarpes,
Ceux qui pour vivre ont recours aux larcins,
Lorsque devraient retentir sur les harpes
Les noms des plus célèbres assassins.
Nous sommes tels que nous fît la Nature ;
Pour tes besoins elle nous modela.
Que ferais-tu de ta magistrature
    Si nous n'étions pas là ?

Pour te garder tout un monde travaille ;
Sans vanité, c'est nous qui l'occupons,
Quand nous dormons sans même un peu de paille
Et que l'on vient nous chercher sous les ponts.
Que deviendraient tes agents de police
Et le dépôt sombre où l'on nous colla ?
Que ferais-tu du palais de justice
    Si nous n'étions pas là ?

Le grand parti qui vit de la morale
A prêché le respect du bien d'autrui ;
Ses procédés sont vraiment un scandale :
Il nous dessert. Nous travaillons pour lui.
Vous nous jugez de haut. C'est bien commode ;
Mais c'est à nous que vous devez cela.
Vous n'auriez plus qu'à brûler votre code
    Si nous n'étions pas là.

Vous comprenez, messieurs, sans aucun doute,
Le bien se lie à la cause du mal ;
Les voleurs sont comme la clé de voûte
Où se soutient votre ordre social ;
Nous émanons de la force divine,
Et de l'apprendre ébahis vous voilà.
Que feriez-vous de votre guillotine
    Si nous n'étions pas là ?

Êtes-vous donc privés d'intelligence
De témoigner pour nous si peu d'égards ?
Pourquoi la morgue, et pourquoi l'insolence ?
Et cet air froid ? Et ces mauvais regards ?
Nous devrions figurer dans votes fêtes,
Être la fleur de vos grands tra la la !
Ingrats ! ingrats ! seriez-vous où vous êtes
    Si nous n'étions pas là ?

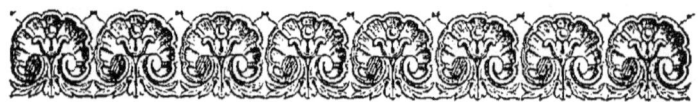

LE POÈTE

QUI VEUT FAIRE PARLER DE SOI

Certain poète eut une étrange idée.
Hélas ! on ne parlait jamais de lui ;
Sa pensée en était comme obsédée,
Lorsqu'à ses yeux une espérance a lui.
Je veux, dit-il, la vogue pour mon livre
Et vais de suite ordonner mon convoi,
En publiant que j'ai cessé de vivre :
Par ces moyens on parlera de moi.

Et, dès le soir, les journaux retentirent.
C'est un concert d'éloges pour le mort,
Dont mes amis eux-mêmes s'ébahirent ;
C'était à qui m'encenserait plus fort.
Et Paris sait combien la presse est bonne
En découvrant, comme elle s'en fait loi,
Des écrivains que ne connaît personne...
Par ces moyens on parlera de moi.

Quand fut chargé de plomb le cercueil vide,
On le mit sous le drap du corbillard ;
Et moi, grimé, seul, inconnu, livide,
En deux plié, j'allais comme un vieillard.
Il fallait voir les foules accourues....
Le grand Paris au comble de l'émoi....
Dans le quartier on a barré les rues....
Par ces moyens on parlera de moi.

Le flot humain se porte au cimetière.
Eh ! venez donc écouter les discours ;
Des orateurs, que je ne connais guère,
En font des longs, des moyens et des courts.
Jusques au ciel on exalte mon livre.
Si j'étais sûr qu'ils sont de bonne foi,
J'espérerais qu'il pourra me survivre...
Par ces moyens on parlera de moi.

Ne croyez pas un mot de cette histoire.
Notre poëte est-il un charlatan ?
Non ! il le sait, le bruit n'est pas la gloire,
La gloire pure et belle qui l'attend ;
Mais à venir il la trouve trop lente.
Elle veut des succès de bon aloi :
Si tu reçois d'elle un baiser d'amante,
Dans tous les temps on parlera de toi.

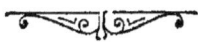

BELLOT

Président du *Bon Bock*.

—

Les poètes aimés qui fécondent la Muse,
Les artistes divins que tu sais rassembler,
Prouvent que le *Bon Bock* aurait pu s'appeler
L'Académie où l'on s'amuse.

A GEORGES NICOLAS

Pour son livre : « *Brins d'Œuvre.* »

—

Cher poète, j'ai lu tout d'un trait votre livre,
Comme on vide une coupe, avec avidité ;
On veut y revenir quand on en a goûté :
Tout livre qu'on relit est assuré de vivre.

L'INSUCCÈS D'UNE MISSION

Les envoyés reçus chez Dieu le Père
Paraissaient tous saisis d'émotion ;
En s'inclinant devant lui jusqu'à terre
Ils dirent quelle était leur mission.
Permettez-nous de plaider notre cause :
Vos ordres saints seraient mieux observés
Si vous vouliez y changer quelque chose.
Vous le pouvez ; Seigneur, vous le pouvez.

Vous avez en vos mains l'omnipotence.
Nos passions engendrent tous les maux.
Vous seriez sûr de notre obéissance
En supprimant les péchés capitaux.
Alors, devant votre regard auguste,
De nos chemins, ces pièges enlevés,
Nous marcherions vers le vrai, vers le juste.
Vous le pouvez ; Seigneur, vous le pouvez.

iettrait notre poitrine au large.
il instinct du bien vivrait en nous,
serait pour vous une décharge :
l'auriez plus à vous mettre en courroux.
ommes par l'envie et la colère
it que trop aisément soulevés ;
ez-les, agissez en bon père.
e pouvez ; Seigneur, vous le pouvez.

esserions de préparer la guerre ;
ijourd'hui finiraient les combats.
is vivraient du travail de la terre,
es ailleurs occuperaient leurs bras.
plus de sang ! de crimes ! de misère !
horreurs nous serions préservés.
s n'avez qu'un simple signe à faire.
e pouvez ; Seigneur, vous le pouvez.

ion Dieu répondit : Impossible.
ids bien ce que vous dites ici,
os discours me laissent insensible :
; toujours le monde vit ainsi.
j'ai fait des millions d'années,
'audrait le changer, en ce cas ;
.vez donc les cervelles tournées ?
'eux pas, morbleu ! je ne veux pas.

LA FACE HUMAINE

—

Si vous avez l'œil vif et pénétrant,
Vous pourrez lire au plus profond de l'âme
Ce que chacun, ou comédie ou drame,
Sait cacher sous un masque indifférent.
A discerner le vrai vous avez peine :
Rien de trompeur comme la face humaine.

Voyez un tel, homme de bonne foi,
La loyauté dans ses discours éclate ;
Au fond, c'est un bien rusé diplomate,
Tirant toujours la couverture à soi ;
Pour avoir chaud, il prendrait votre laine :
Rien de trompeur comme la face humaine.

Je ne crois pas à l'intérêt que prend
Cet autre, au peuple, à sa noire misère ;
C'est tout au plus un petit Robespierre,
Qui fera pire encor s'il devient grand ;
Ce doucereux a des instincts d'hyène :
Rien de trompeur comme la face humaine.

Et cette femme à l'air impérieux ?
Avec dédain ses pieds foulent la terre ;
Elle devrait pleurer sur sa carrière,
Le repentir lui siérait beaucoup mieux,
Car elle est une ancienne Madeleine :
Rien de trompeur comme la face humaine.

On a parfois vu l'homme le plus laid
Être doué d'une pure et belle âme,
Fuyant l'éloge et s'évitant le blâme,
Mais le mérite en lui se révélait.
La rose se trahit par son haleine :
Rien de trompeur comme la face humaine.

LA POSE

Air : *Ma tante Urlurette*.

A Paris, bien plus qu'ailleurs,
On rencontre des poseurs
Ayant l'air de quelque chose.
    C'est la pose, *bis*
  Et rien que la pose. } *bis*

Par cette affectation,
Et par la prétention,
Aux gens naïfs on impose.
    C'est la pose,
  Et rien que la pose.

Se montrer autre qu'on est,
N'est-ce pas avouer net
Qu'être soi-même l'on n'ose ?
    C'est la pose,
  Et rien que la pose.

Les poètes provençaux,
Tous les ans, viennent à Sceaux
S'offrir une apothéose.
    C'est la pose,
  Et rien que la pose.

Les gens qui sont du bel air
Vont écouter de Wagner
La musique grandiose.
    C'est la pose,
  Et rien que la pose.

Les concerts ont réussi.
S'y faire voir est aussi
Le seul but qu'on se propose.
    C'est la pose,
  Et rien que la pose.

Comme ils voudraient s'amuser,
Avec leur ennui ruser !
Mais le mal qui rend morose,
    C'est la pose, *bis* ⎫
  Et rien que la pose. ⎭ *bis*

LES FÊTES RELIGIEUSES A REIMS

A L'OCCASION

DU 14ᵉ CENTENAIRE DE LA CONVERSION DE CLOVIS

Le discours a été prononcé dans la cathédrale de Reims,
par Monseigneur Cartuyvels,
Recteur de l'Université de Louvain,
le 3 octobre 1896, à huit heures du soir.

(Voir note n° 21, à la fin du volume).

AIR du *Bastringue*.

Accourez à Reims, accourez,
Léon Treize
Sera bien aise ;
Accourez à Reims, accourez,
A la suite de vos curés.

On se bouscule dans les gares,
Et ce n'est partout que bagarres
Dont on a peine à s'esquiver.
A tout prix, il faut arriver.

Accourez à Reims, etc.

Et l'on s'écrase dans les foules.
Ainsi que la mer a ses houles,
Les flots humains ont leur remous.
Malheur à qui roule dessous.

Accourez à Reims, etc.

Et, dans la vieille basilique,
Monseigneur parle sans réplique,
Nous donnant des conseils, à nous !
Car c'est un belge, savez-vous ?

Accourez à Reims, etc.

Dans le chœur, on voit les chapitres,
Les évêques coiffés de mitres,
Les cardinaux les mieux cotés.
Au bas peuple les bas côtés.

Accourez à Reims, etc.

J'entendais fort mal — mais qu'importe ! —
Étant placé près de la porte,
Encor, grâce aux soins d'un ami !
Et l'on parlait de Saint Remi.

Accourez à Reims, etc.

De la Vierge il faisait l'histoire :
Tant que nous eûmes la victoire,
Elle nous avait protégés,
Et nous étions ses obligés.

. Accourez à Reims, etc.

Quand les revers sont venus fondre
Sur nous, ce fut pour nous confondre ;
Alors, elle nous a laissés,
Et nous payons les pots cassés.

Accourez à Reims, etc.

Mais enfin si nous sommes sages,
Si nous lui rendons nos hommages,
Si ses autels sont adorés,
Nos malheurs seront réparés.

Accourez à Reims, etc.

Et l'auguste cérémonie
Par ce discours était finie ;
Mais, pour deux mille hommes présents,
Combien de millions d'absents !

Accourez à Reims, accourez,
  Léon Treize
 Sera bien aise ;
Accourez à Reims, accourez,
A la suite de vos curés.

L'ÉDUCATION D'UN FILS

Je t'ai laissée élever notre fille
A ton souhait, comme tu l'as voulu ;
Pour notre fils, je désire qu'il brille,
Et j'interviens ; j'y suis bien résolu.
Car, tous les deux, que voulons-nous, en somme ?
Qu'il soit, un jour, un riche et galant homme.
Avec bonté sa femme l'écouta
En murmurant *in petto* : Ta, ta, ta.

Nous le mettrons à l'Institut laïque.
Là, ses esprits ne seront point faussés ;
Je n'aimerais pas qu'il ait l'air mystique :
Défiez-vous des gens aux yeux baissés.
Je veux qu'il soit d'assurance modeste,
Et notre exemple aimé fera le reste.
Avec bonté sa femme l'écouta
En murmurant *in petto* : Ta, ta, ta.

Nous le mettrons tôt en apprentissage.
Pas n'est besoin d'en faire un bachelier :
Ne pas attendre est une chose sage,
A ses devoirs il peut mieux se plier.
Qu'il obéisse à cette loi commune,
Nous l'aiderons suivant notre fortune.
Avec bonté sa femme l'écouta
En murmurant *in petto* : Ta, ta, ta.

Nous avons le commerce et l'industrie :
C'est encor là qu'on réussit le mieux.
Moi, j'ai lutté, tu le sais, ma chérie ;
Le succès vient à l'homme audacieux.
On sent ainsi des émotions fortes,
Bien plus que dans les professions mortes
Avec bonté sa femme l'écouta
En murmurant *in petto* : Ta, ta, ta.

Qu'on n'aille pas parler de médecine
— Pour un malade il est dix médecins ; —
Les avocats sont pris par la famine,
Les juges vont par d'arides chemins.
Tous, ils ont des carrières encombrées ;
Chez eux combien d'espérances sombrées !
Avec bonté sa femme l'écouta
En murmurant *in petto* : Ta, ta, ta.

Va, mon ami, fais tes plans, énumère
Ce qui serait meilleur, à ton avis ;
Il est quelqu'un contre toi : c'est la mère ;
Dans la paresse elle amollit son fils.
Elle mettra tes projets en poussière.
En le gâtant enfin à sa manière,
Avec bonté sa femme l'écouta
En murmurant *in petto* : Ta, ta, ta.

RUINÉ PAR OSTENTATION

—

Il est des torts qu'on s'avoue à soi-même
Lorsque l'on est au bout de son argent ;
Quand l'estomac vous tire et qu'on est blême,
Quand l'appétit devient trop exigeant.
C'est le besoin raffiné du bien-être,
C'est le désir excessif de paraître,
Qui m'ont conduit à cette extrémité :
Combien les yeux des autres m'ont coûté !

J'ai fait beaucoup trop, pour la galerie,
De choses dont je n'avais pas le goût ;
Lorsque je pris la charmante Ismérie,
On la prônait, on l'exaltait partout.
Elle est un peu cause de ma ruine ;
Et je n'aimais que ma chère Augustine.
Mais on riait de sa simplicité :
Combien les yeux des autres m'ont coûté !

Les courses ont aussi miné ma caisse ;
Je ne prenais que les grands favoris,
Les noms les plus connus pour les vitesses.
Quel coup pour moi que celui du grand prix !
Suivant le temps un homme s'accommode.
J'allais où vont tous les gens à la mode,
Et je brillais sur la société ;
Combien les yeux des autres m'ont coûté !

On a vanté le luxe de ma table,
Car, sur ce point, j'avais bien renchéri ;
C'était vraiment un coup d'œil admirable
Avant que le flot d'or se fût tari.
Oui ! tout l'hiver, par mes serres fleurie,
Par mes cristaux et mon argenterie !
Et, cette nuit, de froid j'ai grelotté :
Combien les yeux des autres m'ont coûté !

Tout est fini. J'apprends à le connaître,
Ce prix des biens si sottement perdus ;
Mais le désastre en mon cœur fait renaître
Des sentiments fiers que je n'avais plus.
Il me reste un parti, le seul à prendre :
Soyons soldat, ne voulant pas descendre,
Et je serai sur la pente arrêté :
Combien les yeux des autres m'ont coûté !

LE JUBILÉ DE MONSEIGNEUR RICHARD

CARDINAL ARCHEVÊQUE DE PARIS

Le 11 février 1897.

—

D'après le récit en prose de Jean de Bonnefon.

—

Le Jubilé de Monseigneur Richard
Tombe en un jour où le ciel est blafard ;
On illumine, avec le gaz en flamme,
L'intérieur glacé de Notre-Dame.
Et la lumière a rendu la gaîté :
On est là comme en un monde enchanté,
Transformé par quelque pouvoir magique.
Mais lui, pourquoi cet air mélancolique ?

Il dit ému : « *Dominus vobiscum* »,
Et l'on entonne après le *Te Deum ;*
L'enthousiasme en la foule s'allume.
L'orgue frémit ; l'encens monte et parfume.
Ah ! comme il est brillant dans ce décor !
On croirait voir Dieu sur son trône d'or,
Venant sauver le monde catholique.
Mais d'où lui vient cet air mélancolique ?

Voyez, au chœur, trois cents abbés pieux,
Durs comme marbre et raides comme pieux ;
Ils ne sont là que par obéissance,
Obligés de faire acte de présence.
On sent qu'il passe entre eux des courants froids.
Le Cardinal, à cheval sur ses droits,
Toujours les tient dans sa main despotique.
Mais d'où lui vient cet air mélancolique ?

Qui met ainsi des ombres sur son front ?
Souffrirait-il de quelque mal profond ?
Un noir remords ? une secrète plaie ?
Non ! apprenez donc la vérité vraie :
Ses prêtres ont, dans leur fragilité,
Mis en oubli leur vœu de chasteté ;
Ils ont connu le charme diabolique.
C'est pour cela qu'il est mélancolique.

DANS L'AUTRE HÉMISPHÈRE

—

On m'a conté que, dans l'autre hémisphère,
On avait fait ce beau raisonnement :
Si les méchants n'étaient pas sur la terre,
Les bons pourraient vivre paisiblement.
Et l'on trouva le moyen admirable
De leur donner une mort agréable ;
Par la ciguë on en vint vite à bout
Et le mal fut extirpé tout d'un coup.

La ciguë est, en ces riches contrées,
Bien plus rapide et plus douce qu'ici ;
Le patient, les lèvres altérées,
En redemande en vous disant : merci !
Avidement il pourléche le vase,
Et ses derniers moments sont une extase.
Par la ciguë on en vint vite à bout
Et le mal fut extirpé tout d'un coup.

Cela marcha pendant quelques années,
On ne craignit plus pour ses capitaux ;
Personne n'eut de sommes détournées,
On oublia même les tribunaux.
Et les prisons demeurèrent désertes !
Et l'air entra par leurs portes ouvertes !
Par la ciguë on en vint vite à bout
Et le mal fut extirpé tout d'un coup.

Mais, triste effet de la loi d'atavisme,
D'honnêtes gens naissent des scélérats ;
Quand les aïeuls ont souffert du strabisme,
Les petits-fils sont louches, n'est-ce pas ?
Dans le pays les crimes reparurent
Et plus qu'avant les intérêts s'émurent ;
Par la ciguë on ne put tuer tout :
Les maux anciens revinrent coup sur coup.

LES PLAINTES

DES POÈTES CONTEMPORAINS

Les poètes de notre temps
N'ont pas lieu d'être bien contents ;
Le goût est aux pièces anciennes.
Qui veut faire jouer les siennes
Trouve partout les vieux auteurs.
En attendant des jours meilleurs,
A vide broîront les mâchoires :
Il est temps de tuer ces gloires.

Racine, au Théâtre-Français,
Est toujours sûr d'un grand succès
Devant un public qu'il enchante.
Sa langue est pure et son vers chante.
On ne l'applaudit qu'en grondant.
On est ravi ; mais, cependant,
Il vous condamne à la famine :
Il est temps de tuer Racine.

Corneille est encore plus fort.
Il vous emporte sans effort
Aux régions supérieures ;
Fera-t-on des œuvres meilleures ?
Jamais — personne — je le sens.
Les spectateurs sont frémissants.
On s'en indigne et s'émerveille :
Il est temps de tuer Corneille.

Molière est sublime et bouffon ;
Il sait le cœur de l'homme à fond.
A sa gaîté rien ne résiste,
Quelquefois son comique est triste.
Comme les autres je ris, mais
Plus volontiers je pleurerais ;
A tous il ferme la carrière :
Il est temps de tuer Molière.

La Fontaine est-il plus grand qu'eux ?
Il vous prend dès l'enfance, heureux
De graver en vous ses maximes.
On sent en soi fleurir ses rimes.
Il serait bien présomptueux
Celui qui, peu respectueux,
Nourrirait l'espérance vaine
De tuer le bon La Fontaine.

Les grands arbres, dans la forêt,
Prennent tout l'air, rien ne pourrait
Germer ni croître dans leur ombre.
Mais ailleurs il ne fait pas sombre,
Prenez votre place au soleil.
Tâchez d'avoir un sort pareil :
On peut devenir de grands hêtres
Et ne pas tuer les vieux maîtres.

BÉRANGER Ier (BÉRANGARIUS)

ROI D'ITALIE

ET JEAN X, Pape

D'après une note de Catulle Mendès.

—

(Voir note n° 22, à la fin du volume).

—

Béranger, le roi qu'élut l'Italie,
Est à genoux dans St-Jean de Latran !
Devant Jean Dix, le Pape, il s'humilie ;
Ambitieux, il veut devenir grand.
« J'aspire à la couronne impériale,
Si je l'obtiens de ta grâce papale,
Ce qu'il faudra vouloir, je le voudrai ;
Ce qu'il faudra faire, je le ferai. »

Le Pape dit : « Alors je t'interroge.
Tu dois répondre avec sincérité.
Es-tu celui dont le grand esprit loge
Ce qui doit plaire à ma Sublimité ?
Dans le danger sais tu trouver ta route
Et marcher droit au but, coûte que coûte ? »
— « Comme il faudra marcher, je marcherai ;
Ce qu'il faudra faire, je le ferai. »

— « Sais-tu que la foi divine chancelle ?
La relever entre dans mes desseins.
Chaque jour, naît une secte nouvelle !
Et nous avons toujours les Sarrasins !
Ce seul penser me met en frénésie ;
Peux-tu chasser de partout l'hérésie ? »
— « Quand tu diras : force ! je forcerai ;
Ce qu'il faudra faire, je le ferai. »

— « Bien ! sois élu ! ta parole me gagne.
Je te choisis entre tous, car je sens
Que tu seras un autre Charlemagne,
Ce grand héros chrétien dont tu descends.
Reste à jamais sous mon obéissance
Ou, d'un seul mot, je brise ta puissance. »
— « Sublimité ! crois que j'obéirai ;
Ce qu'il faudra faire, je le ferai. »

— « Ah ! je comprends, ton âme ambitionne
D'être de Nous le premier serviteur ;
Viens ! sur ton front je pose la couronne ;
Au nom de Dieu, je te fais Empereur.
Te voilà presque aussi grand que moi-même,
Mais à moi seul tu dois le diadème. »
— « Sublimité ! jamais je n'oublierai ;
Ce qu'il faudra faire, je le ferai. »

LES GENS DE BIEN

ET LES GENS MOINS BIEN

Les gens de bien ne prêtent point à rire,
N'ayant au plus que de légers défauts ;
D'avance ils ont désarmé la satire,
Les traits contre eux ne porteraient qu'à faux.
Ils vont tout droit où le devoir attire,
D'instinct laissant les chemins tortueux.
Les gens de bien ne prêtent point à rire,
C'est pour cela qu'on ne parle pas d'eux.

Les gens de bien n'aiment pas à se plaindre,
Ils savent tous que, dans leurs embarras,
Il faut lutter contre le sort, l'étreindre
Et le forcer à leur tendre les bras.
Alors tout marche, ils n'ont plus rien à craindre :
La fortune est pour les victorieux.
Les gens de bien n'aiment pas à se plaindre,
C'est pour cela qu'on ne parle pas d'eux.

Les gens de bien travaillent en silence,
Les uns banquiers, les autres magistrats,
Les éminents des arts, de la science ;
Les ouvriers, les fabricants de draps.
Quatre-vingt-dix pour cent des gens, en France,
Vivent ainsi parfaitement heureux.
Les gens de bien travaillent en silence,
C'est pour cela qu'on ne parle pas d'eux.

Les gens de bien n'accusent point sans cesse
Comme d'aucuns que l'envie enflamma ;
Ils n'ont pas mis de ministre en détresse,
Ni rien reçu des fonds du Panama.
N'attendant rien des campagnes de presse,
Ils ne rendront jamais leurs noms fameux.
Les gens de bien n'accusent point sans cesse,
C'est pour cela qu'on ne parle pas d'eux.

Les gens moins bien éblouissent la foule
Par l'or gagné sans qu'on sache comment ;
De temps en temps un Panama s'écroule,
Il faut alors passer en jugement.
En lisant le procès qui se déroule,
On nous croirait tous, en France, véreux.
Les gens moins bien éblouissent la foule,
C'est pour cela qu'on ne parle que d'eux.

LÉON XIII MALADE

Les cardinaux sont en émoi,
Dans le grand salon qui précède
La chambre où le Pape décède...
Et, dame ! chacun pense à soi.
Le cardinal B... dit sous cape :
Il ne faut pas qu'il en réchappe.
Dans quelques jours, je serai Pape.

Avec ses quatre-vingt-sept ans,
A vivre il est par trop tenace ;
Enfin, il faut bien qu'il y passe !
Qu'il tourne l'œil, il est grand temps.
Le cardinal T... dit sous cape :
Il ne faut pas qu'il en réchappe.
Dans quelques jours, je serai Pape.

Tant qu'il n'aura pas l'œil fermé,
Nous manquerons de confiance ;
Vingt fois il fut en défaillance,
Et vingt fois il s'est ranimé.
Le cardinal R... dit sous cape :
Il ne faut pas qu'il en réchappe.
Dans quelques jours, je serai Pape.

Sait-on où s'en allait tout l'or
Qui lui venait des bouts du monde ?
Est-ce par malice profonde
Qu'il a mis à sec le trésor ?
Le cardinal G... dit sous cape :
Il ne faut pas qu'il en réchappe.
Dans quelques jours, je serai Pape.

Eh ! tenez, voici justement
Qu'on nous passe de ses nouvelles.
— Bonnes ? c'est-à-dire mortelles ?
— Non ! Il va mieux en ce moment.
Le cardinal F... dit sous cape :
Il ne faut pas qu'il en réchappe.
Dans quelques jours, je serai Pape.

Et Léon leur joua ce tour
De se rattacher à la vie ;
Il reparut l'âme ravie
Et plus gaillard de jour en jour.
Alors on ne rit plus sous cape :
C'est pour longtemps qu'il en réchappe,
Et nul d'entre eux ne sera Pape.

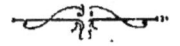

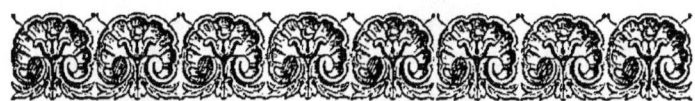

CONSEILS D'UN PÈRE

A SON FILS

—

Mon fils, crois-en ma vieille expérience,
Donne une bonne opinion de toi ;
Qu'en t'écoutant on ait cette assurance
Que ta parole est article de foi ;
Tiens-toi debout, l'air inspiré, superbe,
Comme quelqu'un dont on ne peut douter ;
Ta loyauté doit passer en proverbe :
C'est le moyen de te faire écouter.

Ce qu'il faudra déployer de souplesse,
Je le prévois, m'en étant mal tiré ;
Toi, pur encore et fort de ta jeunesse,
Tu cueilleras ce que j'ai désiré.
Que ton vrai but pour tous soit un mystère.
Des mots ronflants, et tu vas contenter
Les gens auxquels tu devras toujours plaire:
C'est le moyen de te faire écouter.

Tout doucement tu prendras de l'empire,
Sache d'abord ne pas trop te presser ;
Montre que tout s'en va de mal en pire ,
Donne-toi l'air d'aller tout redresser.
Et quand viendra l'heure d'être le maître
De tes rivaux, pour les mieux supplanter,
Promets ce qu'ils n'ont pas osé promettre :
C'est le moyen de te faire écouter.

Tous les chemins devant toi se présentent.
Tes partisans jusque-là t'ont porté,
Ne sachant pas les choses qui te tentent
Et se croyant sûrs de ta probité.
Deviens ministre ! on sait ce que ça dure !
Avec celui qui doit te culbuter,
Arrange-toi pour une sinécure :
C'est le moyen de te faire écouter.

Ou plutôt, tes chances allant par troupe,
S'il est encore un autre Panama,
En sa faveur tu fais voter ton groupe,
Ce groupe ardent que ton zèle enflamma.
Ne manque donc ni d'aplomb, ni de tête.
Il est venu le temps de récolter !
Et tu vois bien que ça sert d'être honnête :
C'est le moyen de te faire écouter.

LES MAINS SUPPLIANTES

Devant le tableau de *Van Lampoels*,
à l'Exposition du Champ de Mars, en 1897.

—

Toi, qu'on sait vivre au delà des nuages,
Si haut ! si loin ! toi, Dieu bon ! toi, Dieu fort !
Qui vois nos cœurs en proie à tant d'orages
Et qui pourrais les calmer sans effort,
Exauce enfin nos âmes confiantes.

    Le cœur plein de foi,
    Nous venons à toi ;
    Nos mains suppliantes
    Se tendent vers toi.

Dans les clameurs qui montent de la terre,
Si tu n'es pas assourdi par nos voix,
Écoute-moi : Rappelle mon beau-père.
Tu sais qu'il est souffrant, presque aux abois,
Et que depuis dix ans j'attends ses rentes.

    Le cœur plein de foi, etc.

Un autre dit : Fais qu'à la loterie
Je gagne un lot de cinq cent mille francs ;
Le même jour, et sans que l'on m'en prie,
J'enrichirai d'un coup tous mes parents,
Sûr de voir des faces reconnaissantes.

    Le cœur plein de foi, etc.

D'autres encor demandent l'impossible.
Ce qu'on ne peut avoir il le leur faut.
Et celui-ci, dans sa langue flexible,
Désire faire un sonnet sans défaut,
Tout parfumé de rimes enivrantes.

    Le cœur plein de foi, etc.

Seigneur ! je meurs si je n'ai Célestine ;
— Si je déplais à Louis j'en mourrai ;
— L'époux de Jeanne est pris de la poitrine,
Qu'elle soit veuve et je l'épouserai ;
Vous le savez, elle est des plus charmantes.

    Le cœur plein de foi, etc.

— Décidément, je n'aime que les vierges.
— Que je voudrais manger des petits pois !
— Il faudrait du beau temps pour les asperges.
— Si je pouvais aller au fond des bois
M'endormir près des sources murmurantes !

    Le cœur plein de foi, etc.

Des millions de mains, toutes tendues,
Fébrilement se lèvent vers le ciel,
Demandant des choses inattendues.
L'amer présent veut l'avenir de miel.
Tous, ils ont des visions délirantes.

    Le cœur plein de foi,
    Nous venons à toi ;
    Nos mains suppliantes
    Se tendent vers toi.

UN BEAU MARIAGE

———

Voyez le maître du château
Sortir de chez lui, pâle et sombre ;
Aller de la plaine au coteau
Et, quand le soir répand son ombre,
Rentrer sans qu'un regard joyeux
Fasse rayonner son visage.
Et pourtant c'est un homme heureux :
Il a fait un beau mariage.

En sa jeunesse, il n'avait rien,
Mais il comptait sur sa figure,
Et, comme il lui fallait du bien,
Il en chercha dans l'aventure.
Il épousa fille aux yeux bleus,
La fleur d'oranger au corsage.
Ah ! c'est un homme bien heureux :
Il a fait un beau mariage.

Il leur vint un enfant si tôt
Qu'il s'étonna de sa naissance;
Mais, ayant eu la grosse dot,
Il s'est imposé le silence.
Pour le premier, doutes affreux...
Et, pour les autres, davantage.
Ah! c'est un homme bien heureux:
Il a fait un beau mariage.

Et puis ce bel ange aux yeux bleus
A le cœur dur comme une roche;
Dans le froid qui règne chez eux
Il saisit un muet reproche :
Elle l'épousa, quoique gueux.
Tout vient d'elle dans le ménage.
Ah! c'est un homme bien heureux:
Il a fait un beau mariage.

Se marier pour vivre ainsi
Sans amour et sans confiance;
Nourrir le soupçon, le souci,
En germe tuer l'espérance;
Empoisonner sa vie à deux
Et se haïr jusqu'à la rage,
Afin qu'on dise : Est-il heureux!
Il a fait un beau mariage.

On commence à mépriser ceux
Que la peur du travail domine :
L'or gagné plaît aux paresseux,
Eût-il une impure origine.
C'est bien fait qu'il soit malheureux,
Cet homme avide et sans courage.
Eh ! quoi, n'es-tu donc pas honteux
D'avoir fait ce beau mariage ?

SI PIEUX !

Ma fille, tu donnes ta fille
En mariage, et la famille
Ne peut pas en croire ses yeux ;
Par quelles qualités ce gendre
A-t-il su vous plaire et prétendre ?..
— Oh ! ma mère, il est si pieux !

On me dit qu'il est sans fortune ;
Depuis longtemps il en cherche une.
Où donc aurait-il trouvé mieux ?
Va ! cet ambitieux calcule
Et nous couvre de ridicule...
— Oh ! ma mère, il est si pieux !

Encor, s'il avait noble allure
Avec une belle figure
Et des sentiments généreux ?...
Mais non ! C'est un jeune homme avide,
De corps chétif et de cœur vide...
— Oh ! ma mère, il est si pieux !

Et c'est pour lui que mon cher homme
En son vivant fut économe,
Et plus même, avaricieux ;
Pour lui que je n'ai qu'une robe
Et qu'au repos je me dérobe...
— Oh ! ma mère, il est si pieux !

Pouvoir choisir l'agriculture,
Mettre des vaches en pâture
Et traire un lait délicieux ;
Et rêver de faire figure .
Là-bas, dans sa sous-préfecture !
— Oh ! ma mère, il est si pieux !

LAISSEZ-MOI PRIER DIEU

Je n'ai jamais demandé pour moi-même
Quoi que ce soit à la Divinité ;
Mais, entre nous, je dirai sans blasphème
Qu'elle a manqué parfois de charité.
Puisqu'elle a fait le monde à son caprice,
Le redresser serait pour elle un jeu.
Comme je crois encore à sa justice,
Pour mon prochain laissez-moi prier Dieu.

Donne à chacun, Seigneur, ce qui lui manque :
De l'esprit d'ordre à ces dissipateurs
Qui, dans huit jours, épuiseraient la banque ;
Donne la force à nos prédicateurs ;
Le regard droit à cet homme hypocrite ;
L'abondance à qui n'a ni feu, ni lieu,
Et fais enfin que tous aient du mérite :
Pour les ratés laissez-moi prier Dieu.

Apprends, Seigneur, apprends la politesse
Aux employés de l'Enregistrement ;
Ils sont un peu tous de la même espèce
Et font haïr notre gouvernement.
Le bureaucrate est hautain ; il terrasse :
C'est son plaisir qu'on le redoute un peu.
Oui, mais je crains qu'un beau jour on le chasse :
Pour l'insolent laissez-moi prier Dieu.

Ouvre, Seigneur, ouvre l'intelligence
Du Juge dont l'entendement étroit
Ne sait pas quand il faut de l'indulgence
Et frappe fort, toujours sûr de son droit.
De ces délits d'un tas de pauvres diables
— Pourquoi ne pas en faire ici l'aveu ? —
Ne sommes-nous pas un peu responsables ?
Pour ces jugeurs laissez-moi prier Dieu.

AUGUSTE JOLLY

Vers faits pour la fête qui lui fut donnée par La " *Lice chansonnière* " le 7 avril 1897, à l'occasion des soixante ans révolus de sa réception, comme membre de cette Société.

J'avais promis, pour ton soixantenaire,
De proclamer ce que je sais de toi ;
Combien t'aima la " Lice chansonnière "
Où tu n'eus que des succès, et pourquoi.
Mais nos amis, dans leur joyeux délire,
Soudain l'ont fait de si belle façon
Que je n'ai plus eu rien du tout à dire :
Il est trop tard pour faire une chanson.

Donc, tu reçus, un jour, son accolade,
Et, depuis lors, ô vénéré doyen,
Tu fus pour nous bien plus qu'un camarade :
Tout esprit flambe à se frotter au tien.
Tu ne mis pas de fiel dans ta satire
Et ta gaîté fut celle du pinson.
Mais nos amis mieux que moi l'ont su dire :
Il est trop tard pour faire une chanson.

Le chansonnier est souvent un prophète.
Voyant le mal, il veut en détourner ;
Peuple, *prends garde !* as tu dis, ô poète,
La boisson verte est pour t'empoisonner.
C'est le danger du pays qui t'inspire.
Jolly, ta voix grave est une leçon.
Mais nos amis mieux que moi l'ont su dire :
Il est trop tard pour faire ma chanson.

Enfin, Jolly, lumière de ce Temple,
Ta vie est comme un haut enseignement ;
Bien heureux ceux qui suivent ton exemple !
Ah ! puissent-ils vivre aussi longuement
Et voir leurs noms, ainsi que le tien, luire
En plein soleil sur l'immense horizon.
Mais nos amis mieux que moi l'ont su dire :
Il est trop tard pour faire ma chanson.

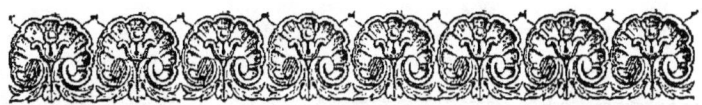

LETTRE A UNE AMIE DE COUVENT

Sucrette, tu m'as fait promettre,
Avant de quitter le couvent,
De t'écrire une longue lettre,
Et je t'apprends qu'en arrivant
Mon futur m'est apparu comme
Un bel astre aux rayons de feu.
Ma chère, ce n'est pas un homme :
  C'est un Dieu.

Tout d'abord, laisse-moi te faire
En quelques lignes son portrait :
Un œil noir et profond éclaire
Son visage ovale et parfait ;
Biceps d'hercule qu'on renomme
Et jarrets fermes comme un pieu.
Ma chère, ce n'est pas un homme :
  C'est un Dieu.

Superbe et large est sa poitrine,
Il est heureusement musclé,
D'allure noble et fier de mine.
Oh ! le voir au lit, dévoilé !
Cela m'a décidée, en somme,
Et notre mariage eut lieu.
Ma chère, ce n'est pas un homme :
    C'est un Dieu.

C'est peu dire que je l'adore.
Et tout ce que j'avais rêvé
Ne te paraîtrait rien encore
Auprès de ce que j'ai trouvé.
Je l'irais dire jusqu'à Rome !
Au monde entier j'en fais l'aveu,
Ma chère, ce n'est pas un homme :
    C'est un Dieu.

Au couvent, les amours sont pâles.
Sois sûre que nous nous trompions.
Là point d'extases ! point de râles !
Cherche d'autres émotions,
Et trouve à qui donner la pomme.
Fuis ! ma chère, fuis ce milieu,
Et sache enfin, sache que l'homme
    Est un Dieu.

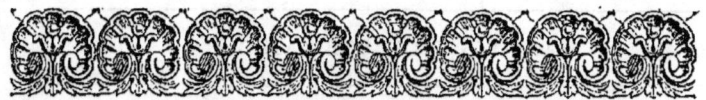

LE RETOUR DU VOYAGEUR

Le voyageur, après mainte aventure,
Est revenu des pays inféconds ;
Il introduit la clé dans la serrure,
La porte crie en tournant sur ses gonds.
L'intérieur de cette solitude
Exhale un air renfermé de prison.
Qu'importe ! après son existence rude,
Il est heureux de revoir sa maison.

Il reconnaît la chambre de sa mère,
Sa mère qui savait tant le choyer ;
Voici le lit où mourut son bon père.
Et le deuil vint s'asseoir à ce foyer.
Plus tard, il fut de richesses avide,
Il lui fallait un plus vaste horizon.
Quoiqu'il fût sûr de la retrouver vide,
Il est heureux de revoir sa maison.

Et les rideaux pendent à la fenêtre.
Les meubles sont déjetés et fanés ;
L'humidité désagrège et pénètre
Ces murs depuis longtemps abandonnés.
Et l'araignée y tisse, et la vermine
Y vit en paix avec le limaçon.
Quoiqu'elle soit maintenant en ruine,
Il est heureux de revoir sa maison.

Et la maison, revenue à la vie,
Ayant reçu des soins et l'air à flots,
Reconnaissante, étonnée et ravie,
Remercia son maître par ces mots :
Repose-toi d'une existence affreuse,
Les vains efforts ne sont plus de saison.
De t'abriter je suis toute joyeuse :
Sois donc heureux de revoir ta maison.

Quand tu cherchais sur de lointaines plages
L'or qui devait jusqu'au bout t'échapper,
Je subissais les vents et les orages ;
Même la foudre, un jour, vint me frapper.
Mais te voici : qu'un seul but soit le nôtre ;
Tout mur croulant réclame un étançon.
Et, vieux débris, soutenons-nous l'un l'autre :
Sois donc heureux de revoir ta maison.

ÇA ME SERAIT BIEN ÉGAL

DE VIEILLIR

—

Il est des gens, et même en très grand nombre,
Qui de vieillir se rendent malheureux ;
L'âge en passant sur leur front jette une ombre.
Cette pensée est un poison pour eux.
Je n'aurai pas, pour moi, cette faiblesse,
Je ne vois point qu'il faille en tressaillir :
Ah ! si mon cœur conservait sa jeunesse,
Ça me serait bien égal de vieillir.

Heureux ceux dont les épaules s'effacent
Et portent bien la poitrine en avant ;
On court pour les regarder quand ils passent ;
Jamais lassés, ils vont comme le vent.
A rester droit en vain chacun s'efforce ;
Le temps est là qui nous fera fléchir :
Si j'étais sûr de conserver ma force,
Ça me serait bien égal de vieillir.

Même si l'on n'a pas beaucoup de charmes,
La jeunesse est pourtant une beauté ;
Si l'on a fait couler de douces larmes,
On fait aussi goûter la volupté.
Heureux celui qui sait parler aux âmes,
Les émouvoir pour mieux les attendrir !
Si j'étais sûr d'être encor cher aux dames,
Ça me serait bien égal de vieillir.

Mais devant nous tout passe comme un rêve.
On vit à peine. On n'a le temps de rien.
Tous les instants sont courts et l'heure est brève.
Hâtons-nous donc de faire un peu de bien.
Vidons la coupe où notre esprit s'enivre,
Entretenons le feu qui va finir !
Si j'étais sûr d'avoir un siècle à vivre,
Ça me serait bien égal de vieillir.

J'ai des amis ainsi que des amies,
Leurs sentiments pour moi sont éprouvés,
Et les miens pour ces personnes chéries
N'en sont pas moins vifs et moins bien prouvés.
Les perdre, c'est perdre un peu de soi-même,
C'est s'en aller que de les voir mourir :
Si je pouvais préserver ceux que j'aime,
C'est avec eux que je voudrais vieillir.

D'autres encor sont de savoir avides,
A tout saisir ils ont l'esprit très prompt;
Ne sentant pas l'ennui des heures vides,
C'est dans un monde enchanté qu'ils vivront.
Leur devise est: Tout voir et tout comprendre.
Et puissent ils ne jamais défaillir!
Si je gardais la faculté d'apprendre,
Ça me serait bien égal de vieillir.

LES PLAINTES

DES VERS DU TOMBEAU

—

J'étais allé prier au cimetière
Sur le tombeau d'amis que je perdis,
Quand près de moi s'échappa de la terre
Un concert de plaintes que j'entendis :
Prenez, grand Dieu, pitié de notre peine,
Vous nous voyez repus de chair humaine.
Daignez, Seigneur, ne plus forcer nos goûts :
Les autres vers sont plus heureux que nous.

C'est dans la mort que nous trouvons la vie,
En la nuit noire, à six pieds, sous l'humus ;
Mais notre faim est bien plus qu'assouvie :
Asphyxiés, nous ne digérons plus.
Vous que l'on croit doué d'un cœur sensible,
Vous avez fait notre existence horrible,
Et nous avons les plus profonds dégoûts :
Les autres vers sont plus heureux que nous.

Encor s'il nous venait de la chair jeune !
Mais non, ce sont des vieux à cheveux blancs ;
Nous préférons observer un long jeûne
Que d'absorber ces poisons virulents.
Et vous savez ce qu'ici l'on respire.
S'il est des sorts affreux, le nôtre est pire.
Nous serions mieux sur terre que dessous :
Les autres vers sont plus heureux que nous.

Oui, le sort des autres nous fait envie,
Nous avons droit de nous montrer jaloux ;
Nos yeux verraient la lumière chérie
Si nous étions tous égaux devant vous.
Nos frères sont là-haut tout à la joie ;
Dans le grand air, ils savourent leur proie
En s'enivrant des parfums les plus doux :
Les autres vers sont plus heureux que nous.

LES PLAINTES

DES VICAIRES AU DIOCÈSE D'ARRAS

Air : *Faut d' la vertu, pas trop n'en faut.*

On sait que Monseigneur s'entête
A nous envoyer dans des trous ;
Examinons et qu'on s'arrête
A ce qui plairait à nous tous.
Non ! non ! nous n'irons pas prier } bis
Où l'on ne peut nous bien payer. }

Nous voyez-vous dans des paroisses
De deux ou trois cents habitants,
Implorant Dieu, dans nos angoisses,
Qu'il en meure un de temps en temps ?

Non ! non ! etc.

C'est chose passée en proverbe
Que le prêtre vit de l'autel ;
Voudrait-on qu'il mangeât de l'herbe,
Quand ne rend rien le casuel ?

Non ! non ! etc.

Nous sommes de simples vicaires
Ayant l'estomac exigeant ;
Si l'on veut de bonnes prières,
Il faut donner de bon argent.

Non ! non ! etc.

Il veut nous réduire aux longs jeûnes,
Frères, je vous en avertis ;
Et pourtant il sait que les jeunes
Ont toujours de grands appétits.

Non ! non ! etc.

Parbleu ! que d'autres se résignent !
Quant à nous, n'obéissons pas !
Laissons parler ceux qui s'indignent
Et vers le ciel tendent les bras.

Non ! non ! etc.

Elle est très simple notre affaire.
Par la foi nous étions guidés ;
Bien vivre et n'avoir rien à faire,
Cela nous avait décidés.
Non ! non ! nous n'irons pas prier ⎱
Où l'on ne peut nous bien payer. ⎰ bis

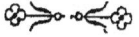

TOUT EN FAÇADE

—

Il est des gens se donnant l'apparence
De grands seigneurs vivant dans l'opulence ;
Ce sont des paons, pleins de vanité, quand
Devant vos yeux s'étale leur clinquant.
Tout ce qu'ils ont n'est là que pour la montre.
Qui réfléchit voit le pour et le contre,
Et la misère à travers la splendeur :
Tout en façade et rien en profondeur.

C'est bien porté maintenant qu'un jeune homme
A marier rêve la forte somme ;
Ce qu'il lui faut, c'est une énorme dot.
Faire autrement, c'est agir comme un sot.
L'intérêt plus que l'amour est son guide.
Qu'il prenne garde ! il trouvera le vide.
Et s'écriera, déplorant son erreur :
Tout en façade et rien en profondeur.

Mes voisins n'ont pas de fonds à la banque,
Mais ne croyez pas que l'aplomb leur manque.
On aurait pu pourtant conjecturer
Que leur grand train n'était pas pour durer.
L'un est notaire et prépare sa fuite,
L'autre est marchand et court à la faillite,
Laissant le monde abîmé de stupeur :
Tout en façade et rien en profondeur.

Hélas ! on ne sait plus être modeste.
Dans un état obscur faut-il qu'on reste ?
On veut jouir et briller à tout prix.
Vivre autrement attire le mépris.
Pour nous, aimons les vertus que l'on raille.
Partout, celui qui noblement travaille
Se met soi-même, en sa tranquille ardeur,
Moins en façade et plus en profondeur.

CONSEILS D'UNE MÈRE

A SA FILLE

ou : SUIS MON EXEMPLE

—

Ma chère enfant, je le vois avec peine,
Tu n'as pas su bien comprendre tes droits ;
Le mariage est beau si l'on est reine,
Si le tyran s'incline sous nos lois :
Un peu d'adresse est ici nécessaire.
Jean sera tel que tu l'auras pétri.
Tu sais comment je fus avec ton père :
Suis mon exemple et mène ton mari.

Rien n'est si beau que la paix du ménage.
Penses-y bien, c'est le ciel que cela !
Plaisir ou peine entre époux l'on partage ;
L'un n'est pas bien si l'autre n'est pas là.
Votre bonheur est un champ sans limite.
Vous aurez un chemin toujours fleuri
Si tu te fais obéir au plus vite :
Suis mon exemple et mène ton mari.

Oui ! tu te dis : « Mais il prendra la mouche
S'il s'aperçoit où je veux en venir ».
Le premier choc est la pierre de touche.
Sois calme et sache avec lui te tenir.
Il faut ici te montrer sans faiblesse.
Est-ce ta faute, à toi, s'il s'est aigri ?
En l'effrayant, tu restes la maîtresse :
Suis mon exemple et mène ton mari.

Enfin, si vous en venez à la lutte,
— Et mieux vaudrait de suite que plus tard —
Tu lui fais faire une belle culbute ;
En quelques mots je t'en apprendrai l'art.
Tu fonds sur lui ! ferme ! ton bel œil flambe !
Et corps à corps, en poussant un grand cri,
Adroitement tu lui passes la jambe :
Suis mon exemple et mène ton mari.

Ayant ainsi reçu sa trépignée,
Il verra bien qu'il n'est pas le plus fort ;
Il aimera mieux voir la paix signée.
Pardonne-lui, s'il reconnaît son tort.
Qu'à l'avenir il se montre docile,
Et sous ton aile il trouve un sûr abri ;
Qu'il se soumette et tout sera facile :
Suis mon exemple et mène ton mari.

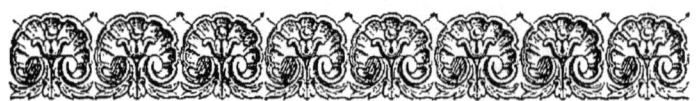

L'ACADÉMIE

ET LE LEGS MONTARIOL

(Voir note n° 23, à la fin du volume).

L'Académie en a fait une belle
En refusant le legs Montariol ;
Depuis huit jours, on ne parle que d'elle ;
Jamais son nom n'avait pris un tel vol.
Elle est terne, il lui faut la demi-teinte.
L'exposez-vous au soleil, au grand air ?
Soudainement, vous la voyez éteinte :
L'Académie a fait un pas de clerc.

S'il est des rangs dans la littérature,
La Chanson doit occuper le premier ;
Si l'on est bien doué par la nature
On est poète et, de plus, chansonnier.
Vous semez les fleurs de la poésie ;
Vous lire, c'est frissonner dans sa chair ;
Mais la Chanson grise avec l'ambroisie :
L'Académie a fait un pas de clerc.

Que va penser la *Lice chansonnière ?*
Et que dira son frère le *Caveau ?*
Déjà Montmartre a pris sa plume altière,
Les chansonniers vont lui cribler la peau.
Oh ! tout cela pour rire et sans blessure :
On atteint mieux ainsi qu'avec le fer.
Ils sauteront tous sur la couverture :
L'Académie a fait un pas de clerc.

Tous ? non ! Pardon, Coppée et Claretie,
Vous dont la lyre et la plume sont d'or.
Ah ! quel malheur ! vous en faites partie,
Et, dans le tas, j'en plains d'autres encor.
Pauvre Chanson ! va, ceux qui te dédaignent
Se sont couverts d'un ridicule amer ;
Et, ne pouvant te comprendre, ils te craignent :
L'académie a fait un pas de clerc.

LE PAUVRE PETIT !

Air : *J'arrive à pied de province.*

Vous me voyez dans la peine :
  Mon cher fils Armand
Part la semaine prochaine
  Pour son régiment. *bis*
Son père y pense à toute heure,
  Il en dépérit....
Et, toute la nuit, j'en pleure !
  Le pauvre petit ! *bis*

Son père autant que moi l'aime.
  Je sais qu'il voudra
L'aller présenter lui-même
  Quand il partira. *bis*
Comment lui cacher mes larmes ?...
  Mon trouble d'esprit ?...
Mes angoisses ?... mes alarmes ?...
  Le pauvre petit !

Ce que l'on sait du service
    N'est pas rassurant ;
Ses chefs lui rendront justice,
    Oui, mais dans le rang ?
Le général le protège
    Et mon fils me dit :
Mère, ils me feront cortège.
    Le pauvre petit !

Une chose m'inquiète :
    A-t-il ce qu'il faut
Seulement pour sa toilette ?
    Tout lui fait défaut.
Pas de bidet, pas d'éponge !
    Et, dans son dépit,
Je sens que l'ennui le ronge.
    Le pauvre petit !

Plus de grasse matinée
    Où l'on se rendort ;
Tout le long de la journée,
    Il travaille fort.
Là, pas de valet de chambre
    Bassinant son lit
Par les grands froids de décembre.
    Le pauvre petit !

Je sais qu'on tient à l'armée
  De légers propos ;
Elle s'est accoutumée
  A tous les gros mots.
Et penser que ses oreilles,
  En ce lieu maudit,
En entendront de pareilles !
  Le pauvre petit !

Nous avons de grandes craintes
  Pour sa pureté ;
Verrons-nous ses mœurs si saintes
  Mises de côté ?
Apprendrons-nous des nouvelles
  Dont mon cœur frémit...
Qu'il va chez les demoiselles ?..
  Le pauvre petit !

UNE FILLE A MARIER

De toi Jean s'est enamouré,
Il te recherche en mariage ;
L'avenir serait assuré,
Mais n'y pas trop compter est sage.
On sait qu'il n'écoute sur tout
Que les conseils de sa famille ;
Si tu suis les miens, chère fille,
Les accords seront faits du coup.

    L'affaire est très claire :
    Il faut plaire au père,
    Aux deux sœurs, au frère,
    Ainsi qu'à la mère,
    Ainsi qu'au grand-père ;
    Aux petits, aux grands,
    A tous les parents
    De goûts différents.

La question des intérêts
N'entre pas en première ligne ;
Nous pourrons n'en parler qu'après,
Si de leur choix ils te croient digne.
Allons ! éclaire ton beau front.
Tu le sais, ta dot n'est pas forte ;
Va, si ton charme les transporte,
Sur ce détail ils passeront.

  L'affaire est très claire, etc.

La plus grande sincérité
N'exclut nullement la finesse ;
Même un peu de naïveté
Est parfois une grande adresse.
Juge ce que tu peux risquer :
Te taire, ou simplement sourire.
Ai-je besoin de te le dire ?
Trop d'esprit peut les offusquer.

  L'affaire est très claire, etc.

Et, chose grave à méditer :
Comment doit être ta toilette ?
Vois ce que ses sœurs vont porter ;
Ainsi qu'elles pare ta tête.
Ne les imite pas en tout :
Choisis des robes trop voyantes ;
Tu te les rendras bienveillantes,
Elles voudront former ton goût.

  L'affaire est très claire, etc.

Le père tient tant à l'argent
Qu'il rendit ses filles prodigues ;
Le gendre est très intelligent,
Il passe pour vivre d'intrigues.
Et ne va te choquer de rien.
Trouve le beau côté des choses.
Après les épines, les roses.
Quand on réussit tout est bien.

  L'affaire est très claire, etc.

De tes mariages manqués
On a jasé dans l'entourage :
Il n'est pas de gens remarqués
Qui n'excitent le bavardage.
Si l'on voulait vous désunir !..
Je sens l'angoisse qui m'empoigne.
Si l'on fait tout pour qu'il s'éloigne,
Toi, fais tout pour le retenir.

  L'affaire est très claire :
  Il faut plaire au père,
  Aux deux sœurs, au frère,
  Ainsi qu'à la mère,
  Ainsi qu'au grand-père ;
  Aux petits, aux grands,
  A tous les parents
  De goûts différents.

NE CHANTEZ PAS

PLUS HAUT QUE VOTRE VOIX

Chacun le sait, les professeurs de danse
Ont toujours dit : réglez vos pas selon
Le mouvement voulu de la cadence ;
Allez d'accord avec le violon.
Cela devient un proverbe en musique.
Partout on l'a répété tant de fois
Que le refrain est devenu classique :
Ne chantez pas plus haut que votre voix.

Parlons du jour de votre mariage.
La toilette est une affaire de goût ;
Aller suivant sa bourse est chose sage,
Et l'on en vient facilement à bout.
Vouloir aux yeux de la foule accourue
Jeter la poudre est facile, je crois ;
Mais c'est jeter votre argent dans la rue :
Ne chantez pas plus haut que votre voix.

Votre paroisse est Sainte-Madeleine.
On monte bien l'escalier sans tapis.
Là, le bedeau ne prendra pas la peine
De rayonner dans ses plus beaux habits.
Pas une note aux orgues ne résonne
Et l'on a pris pour vous la croix de bois ;
La messe basse est encor assez bonne :
Ne chantez pas plus haut que votre voix.

Le mobilier pour l'entrée en ménage
Doit être simple et vous faire approuver ;
Songez qu'on peut un jour manquer d'ouvrage,
Que les enfants aussi vont arriver.
Vous n'avez qu'un seul moyen d'être honnête :
Ne devez rien à personne, et, parfois,
D'un juste orgueil vous connaîtrez les fêtes :
Ne chantez pas plus haut que votre voix.

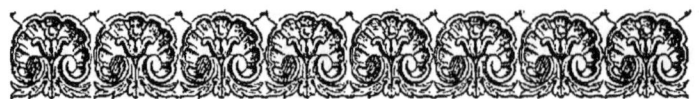

LETTRE DE LÉON XIII

AU CARDINAL PERRAUD, ÉVÊQUE D'AUTUN

(Voir note n° 24, à la fin du volume).

Le premier point de votre circulaire
A tout d'abord frappé Notre regard ;
Vous instruisez à fond chaque vicaire
Sur ce que l'on doit être à Notre égard.
En France, on a par trop d'indépendance.

Rangez le peuple à Notre obéissance,
Expliquez-lui qu'il n'est pas de milieu :
Nous ignorer, c'est méconnaître Dieu ;
Nous résister est résister à Dieu ;
Nous obéir, c'est obéir à Dieu.

Vous voulez, pour Ma personne sacrée,
Et les respects et les soumissions ;
J'en suis ravi. De la foule éclairée
Vous M'attirez les bénédictions.
Vous êtes un flambeau d'intelligence.

Rangez le peuple, etc.

Par ce moyen, l'esprit de discipline
Va refleurir et J'en serai plus fort ;
Plus on croira Ma mission divine,
Plus les méchants seront mis dans leur tort,
Mieux on pourra rabattre leur jactance.

Rangez le peuple, etc.

Ah ! soyez tous bénis pour votre zèle
Et votre exemple et vos enseignements ;
Allez ! prêchez ! votre cause est si belle !
Et Dieu, là-haut, connaît vos sentiments.
Vous pouvez tout avec son assistance.

Rangez le peuple, etc.

Si dans les cœurs la loi reprend racine,
On ne croira plus que Ma Sainteté ;
J'expliquerai la parole divine,
Tout fléchira devant Ma volonté
Et je serai le Maître de la France.

Rangez le peuple à mon obéissance,
Expliquez-lui qu'il n'est pas de milieu :
Nous ignorer, c'est méconnaître Dieu ;
Nous résister, c'est résister à Dieu ;
Nous obéir, c'est obéir à Dieu.

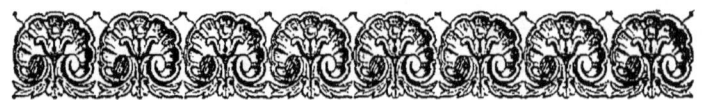

L'ABBÉ PHILIPPOT

Curé de Plomion (Aisne)

—

Ma conscience enfin se met au large.
D'un poids trop lourd elle s'ôte la charge
Et librement enfin peut respirer,
Puisque du doute elle a pu se tirer.
Sa Sainteté, je crois, m'excommunie,
Mais moi, de mon côté, je la renie.
Ah ! Messeigneurs, je connais votre Dieu
Et m'en éloigne avec horreur : Adieu !

L'enfance est en vos mains comme engluée,
Par le baptême elle fut polluée.
Les mères vont vous porter l'innocent,
Pauvre petit qu'on enrôle en naissant !
Il ne sait rien encore de son être.
Le malheureux ! peut-être il sera prêtre !
Ah ! Messeigneurs, je connais votre Dieu
Et m'en éloigne avec horreur : Adieu !

Je ne veux plus n'être qu'un porte-jupe,
Tromper le monde et rester votre dupe.
J'en concevrais pour moi trop de mépris.
Du premier jour où je vous ai compris,
Tous mes regards aiguisés s'éveillèrent
Et jusqu'au fond toujours vous surveillèrent.
Ah! Messeigneurs, je connais votre Dieu
Et m'en éloigne avec horreur : Adieu !

Oh! la candeur de mon âme ingénue,
Ma pure foi, qu'êtes-vous devenue ?
Être trompé me blesse dans le vif.
Et j'étais votre admirateur naïf !
Je vous ai vus fabriquer vos miracles.
Vous me chargiez d'expliquer vos oracles.
Ah! Messeigneurs, je connais votre Dieu
Et m'en éloigne avec horreur : Adieu !

N'écoute plus ces hommes de mensonge,
Peuple, comprends l'erreur où l'on te plonge
Et tu verras finir l'enchantement,
En les laissant dans leur isolement.
Va, ces gonflés d'autorité divine
Sont bien penauds sitôt qu'on les devine.
Ah! Messeigneurs, je connais votre Dieu
Et m'en éloigne avec horreur : Adieu !

Réfléchissons, mes frères ; voyons comme
On en impose avec le Dieu de Rome,
Qui n'aura plus en France aucun succès.
Ayons un Dieu qui soit un Dieu français.
Ne permettons plus que l'on nous attrape
Et renvoyons les envoyés du Pape !
Ah ! Messeigneurs, je connais votre Dieu
Et m'en éloigne avec horreur : Adieu !

UN JEUNE HOMME PRÉSENTÉ

—

AIR : *Dieu ! quand j'ai connu mon amant.*

—

Ce jeune homme viendra ce soir,
C'est ma famille qui l'invite ;
Comment être avec lui ? J'hésite.
Dois-je laisser naître l'espoir ?
Non ! ne faisons rien qui décide,
Avant de le connaître mieux.
En attendant, soyons timide,
Modestement baissons les yeux.

Je fais appel à vos conseils.
N'avez-vous pas, chères amies,
Jugé des physionomies
En des cas presque tout pareils ?
Que chacune de vous l'observe,
Pour que rien ne reste douteux.
En attendant, je me réserve :
Modestement baissons les yeux.

Nous négligerons volontiers
Les intérêts dans cette affaire ;
La question d'argent, mon père
La débattra chez ses banquiers.
De longs détails sur sa personne
Seraient autrement précieux.
En attendant qu'on me les donne,
Modestement baissons les yeux.

Porte-t-il bien son pantalon,
Et sa cravate et sa chemise ?
Est-il distingué dans sa mise ?
Son habit n'est-il pas trop long ?
Lui croyez-vous l'haleine pure ?
Ne parait-il pas un peu vieux ?
En attendant d'être bien sûre,
Modestement baissons les yeux.

Regardez bien surtout s'il a
De belles mains aux ongles roses ;
Je suis très sensible à ces choses,
On pourrait me prendre par là.
C'est ravissant ce qu'on éprouve.
Pensez donc ! un mari soigneux.
En attendant que ça se trouve,
Modestement baissons les yeux.

Enfin! si vos avis sont bons,
S'il a vraiment de la fortune
Et la figure pas commune,
Avec encore d'autres dons ;
S'il a les qualités de l'âme,
S'il doit faire ce que je veux,
Je pourrai devenir sa femme.
En attendant, baissons les yeux.

LE BON DIEU S'AMUSE

(Voir note n° 25, à la fin du volume).

J'ai rencontré près d'ici Dieu le Père ;
Il avait la figure débonnaire,
Et la gaîté pétillait dans ses yeux.
Ah ! disait-il, d'un air malicieux,
Jenner jadis tua la variole ;
Quand vint Pasteur, suivi de son école,
Tous les virus durent se replier :
Mais je sais bien qui rira le dernier.

Les hommes ont tâché de se soustraire
A mon pouvoir de dépeupler la Terre ;
Comme ils n'étaient des savants qu'à moitié,
J'ai pu longtemps en rire de pitié.
Aujourd'hui, c'est mon secret qu'on dérobe.
Ils sont en train d'attaquer le microbe,
Leur orgueil veut ainsi me défier :
Mais je sais bien qui rira le dernier.

Je n'ose plus lancer d'épidémies.
Par la science et les académies
Presque aussitôt le mal est enrayé ;
Le peuple n'en est pas même effrayé.
Depuis qu'on a découvert le bacille,
Ils sont très fiers d'un succès bien facile.
Et l'on meurt moins, je ne puis le nier :
Mais rira bien qui rira le dernier.

J'ai déchaîné cent mille fois la guerre,
Et mes fléaux ont fondu sur la terre ;
J'ai dans les airs versé mille poisons
Et pris plaisir à brouiller les saisons.
Et des vivants partout le nombre augmente !
Et l'on se rit des venins que j'invente !
Et, malgré moi, l'on veut multiplier :
Mais je sais bien qui rira le dernier.

Et le bon Dieu, continuant à rire,
En s'éloignant voulut encor me dire :
Je vais rêver de maux enfin vainqueurs
Et trouverai des moyens destructeurs.
A nos savants il faut que je réponde,
Et ce sera le dernier jour du monde.
On aura beau prier et supplier :
Je serai seul et rirai le dernier.

LES REMÈDES PRÉVENTIFS

Vous avez face réjouie,
Bon appétit, bon pied, bon œil ;
Le regard vif, la fine ouïe,
Et vous en sentez de l'orgueil.
Mais il faut que l'on s'étudie ;
Sur tout soyez bien attentifs :
On éloigne la maladie
Par les remèdes préventifs.

Dans une bonne pharmacie
Ayez de bons médicaments ;
Vous verrez comme on apprécie
Ces choses en certains moments.
Remuez la bile engourdie,
Envoyez-lui des laxatifs.

On éloigne, etc.

Vous n'avez pas d'enthousiasme.
Ce que je dis vous est égal ;
Mais sachez qu'un bon cataplasme
Ne peut jamais faire de mal.
Je ne suis pas une étourdie,
J'ai les instincts intuitifs.

On éloigne, etc.

Le grand somnambule Flourique
M'a promis de venir chez vous;
C'est avec l'acide phénique
Qu'il vous préservera des clous.
Il a la parole hardie,
Il est des plus persuasifs.

On éloigne, etc.

Nous, chaque jour que Dieu fait luire,
Nous prenons des médicaments ;
Et mon mari se plaît à cuire
Les herbes pour nos lavements.
Ainsi notre âme est reverdie,
Nous en sommes plus sensitifs.

On éloigne, etc.

Contre les maux que l'on redoute
Il est grand temps de se soigner ;
Deux jours avant d'avoir la goutte
On pouvait encor l'éloigner.
Vous, fils de race abâtardie,
Et vous qui deviendrez poussifs,
Vous éloignez la maladie
Par les remèdes préventifs.

LE MEILLEUR MONDE

(Voir note n° 26, à la fin du volume).

Air : *J'suis né Paillasse et mon Papa* (Béranger).

La langue et le temps sont changeants.
　Ce sujet m'accommode :
Le vocable " *d'honnêtes gens* "
　Fut longtemps à la mode.
　　Tout passe. Bientôt,
　　" *Les gens comme il faut* "
Le remplace à la ronde.
　　Enfin, aujourd'hui,
　　Nous avons celui
De " *gens du meilleur monde* ".

Le meilleur monde est très moral.
　Là, jamais d'adultère ;
Là, personne ne pense à mal,
　Point de secret à taire.
　　Les couples unis
　　Sont comme bénis ;
D'une union féconde,
　　Les enfants sont sains
　　Comme de vrais saints :
Voilà le meilleur monde.

C'est le meilleur monde qui va
 Boire les eaux de Lourdes ;
Le succès cent fois le prouva :
 On rend la vue aux sourdes.
  Dieu ! nous voyons bien,
  Ce n'est pas pour rien
 Qu'en toi l'espoir se fonde.
  Plein d'égards pour eux,
  Tu les rends heureux
 Ces gens du meilleur monde.

Il arrive, par-ci par-là,
 Quelques mésaventures ;
Le fils d'un comte se coula
 Et fit des signatures
  Avec un tel art
  Qu'un jeune richard,
 Lésé, se plaint et gronde.
  Enfin, c'est jugé,
  Tout est arrangé.
 Voilà le meilleur monde.

La mort du comte de Paris
 Met ce monde en tristesse ;
Rothschild ne fait plus de paris ;
 C'est le chic que tout baisse.

Les riches ne font
Plus courir; ils sont
Dans la douleur profonde,
Mettant par orgueil
Leurs chevaux en deuil :
Voilà le meilleur monde.

DERNIÈRE INCARNATION

DE TITINE

—

Il est bien rare qu'un curé
Soit le seul maître en son église ;
Les femmes, m'a-t-on assuré,
Y sont puissantes par surprise.
Celui de Saint-Christophe est bien
Doux, accueillant, de bonne mine,
Mais il ne ferait jamais rien
Sans avoir consulté Titine.

C'est par lui qu'on peut dominer.
Dames du monde et de la halle,
Toutes, le veulent à dîner.
Et lui veut bien qu'on le régale.
Mais, lorsque l'on vient l'inviter,
C'est grave... il faut qu'il examine...
Il n'oserait rien accepter
Sans avoir consulté Titine.

Les bedeaux sont à ses genoux ;
Plus d'une dévote s'en froisse,
Plus d'un marguillier est jaloux :
Titine est tout dans la paroisse.
C'est elle qui tient dans sa main,
Un jour, la colère divine,
Et le pardon, le lendemain :
C'est selon l'humeur de Titine.

C'est Titine qu'on voit partout.
C'est elle qui juge et décide ;
Elle coupe, tranche et recoud,
Elle remplit la caisse vide.
C'est elle qui surveille et dit :
Le lit est froid, qu'on le bassine !
Lui s'endort content et sourit :
Son ange gardien, c'est Titine.

Ah ! je vois bien que vous riez,
Votre esprit court à l'aventure ;
Tout de suite au mal vous croyez :
Entre eux c'est de l'amitié pure.
L'abbé, dût se briser son cœur
Et dût éclater sa poitrine,
Gardera toujours la pudeur
Dans ses rapports avec Titine.

JULES ECHALIÉ ET SES MÉDECINS

(Voir note n° 27, à la fin du volume).

Depuis longtemps en proie à la souffrance,
Mon chéri voit les plus grands médecins ;
Ceux proclamés princes de la science,
Qui des virus connaissent les vaccins.
Je ne veux pas compter ce qu'il en coûte.
Comprennent-ils ? voient-ils ? pour moi, j'en doute,
Et j'appréhende un dénoûment fatal :
Mon cher mari va de plus en plus mal.

L'un d'eux me dit, en sa noble franchise,
Après avoir mûrement réfléchi :
Tous les sérums sur lui n'ont pas de prise,
Vous feriez bien de partir pour Vichy.
Et l'on se hâte ! Et l'on se précipite !
Vite l'express ! Et vite ! vite ! vite !
Obéissons à l'arrêt médical :
Mon cher mari va de plus en plus mal.

Le médecin de Vichy l'examine.
Ce sera long, dit-il, ce sera long;
Vous lui verrez reprendre de la mine
Un peu plus tôt, ou plus tard, c'est selon.
Huit jours après, hélas ! mon sang se fige !
Que vers la mer, dit-il, on le dirige !
L'air salin est un principe vital :
Mon cher mari va de plus en plus mal.

On le hisse en wagon pendant qu'il râle.
Est-ce un effet des secousses du train ?
Je crois qu'il n'est plus tout à fait si pâle
Et qu'à la vie il se raccroche enfin.
Mais eux, là-bas, de crainte qu'il y meure,
Disent: Luchon le guérirait sur l'heure.
C'est tellement connu que c'est banal :
Mon cher mari va de plus en plus mal.

Puis, à Luchon, c'est bien une autre affaire.
Nos eaux, dit-on, ne valent rien pour lui ;
Allez ailleurs et sachez le distraire,
Car il pourrait ici périr d'ennui.
Ne luttons plus puisque le sort s'acharne.
Rentré chez nous, sur les bords de la Marne,
Mon mari dort d'un sommeil plus égal :
Les médecins avaient aigri son mal.

LES ANGLAIS AU SOUDAN

(Voir note n° 28, à la fin du volume).

Air : *Trou la la.*

Le globe sur tous les points
Des Anglais reçoit les soins ;
Chaque peuple les attend
Et vers eux les bras il tend.
    Les Anglais
      Sont parfaits   } *bis*
Et prodiguent leurs bienfaits.

Les nobles libérateurs !
Quelque part sont-ils vainqueurs ?
Le peuple s'aperçoit bien
Qu'ils n'ont voulu que son bien.
    Les Anglais, etc.

Tenez ! juste en ce moment,
Ils sont, pour leur dévoûment (!)
Et leurs conseils (!) *au Soudan*
Adorés, dans *Omdurman.*
    Les Anglais, etc.

Par égard pour les vaincus,
Lord Kitchener, mordicus,
Fit un coup vaillant, hardi,
Contre un mort, le vieux Mahdi.
  Les Anglais, etc.

L'exemple qu'il donne est beau.
On le tire du tombeau ;
Son corps paraît bitumé :
On sait qu'il fut embaumé.
  Les Anglais, etc.

On en fit mille morceaux,
On se partagea ses os ;
De sa tête l'on fit don
A l'héritier de Gordon.
  Les Anglais, etc.

Londre a son cœur ; Manchester,
Des portions de sa chair ;
Liverpool, son nombril.
On jeta le reste au Nil.
  Les Anglais
   Sont parfaits   } *bis*
Et prodiguent leurs bienfaits.

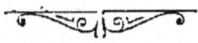

CE QU'IL NE FAUT PAS FAIRE

—

Mes chers amis, nous avons tort
Pour des riens de crier si fort ;
Cela met en émoi la Presse,
Et chez l'étranger on s'empresse
D'imprimer, en amplifiant,
Que Paris est terrifiant.
Tant de bruit nous déconsidère :
Voilà, voilà ce qu'il ne faut pas faire.

Nous nous plaisons trop, croyez-m'en,
A changer le Gouvernement ;
Dès qu'un ministère commence
A prendre de l'expérience,
Par où s'acquiert l'autorité,
Sitôt par terre il est jeté.
Du bon sens c'est tout le contraire :
Voilà, voilà ce qu'il ne faut pas faire.

Il est temps qu'on ne parle plus
Du tout de l'affaire Dreyfus.
Est-il ou n'est-il pas un traître ?
Nous le saurons bientôt, peut être ?..
En attendant, vous m'ennuyez,
Messieurs, plus que vous ne croyez.
Ce que vous cherchez, c'est la guerre :
Voilà, voilà ce qu'il ne faut pas faire.

Un journal dit Paris malsain...
Le typhus règne !... Soudain,
Les étrangers, que la peur guide,
Filent ! nous laissant dans le vide.
Tout le commerce est arrêté.
Le journal l'avait inventé,
Aux *jamais contents* voulant plaire :
Voilà, voilà ce qu'il ne faut pas faire.

O mes amis, soyons prudents.
Faisons plutôt des vœux ardents
Pour l'Exposition prochaine.
D'un succès monstre elle est certaine.
Tous les Peuples y viendront ! tous !
Nul n'ose maintenant, chez nous,
Franchement s'en dire adversaire :
Voilà ! voilà ce qu'il ne faut pas faire.

MON DERNIER MOT

—

Cette chanson est pour les jeunes prêtres
Qui récemment m'ont envoyé des lettres,
Ayant compris de mon cœur la pitié
Et désirant capter mon amitié.
Je leur réponds : Préparez vos sorties
De ce pétrin où vous vous êtes mis :
Vous jetterez la soutane aux orties
Si vous voulez que nous soyons amis.

Oh ! je sais bien qu'il faut un grand courage
Pour vous soustraire à ce triste esclavage ;
Arrachez-vous à votre oisiveté,
Du travailleur connaissez la fierté.
Il est meilleur le pain gagné soi-même
Par le travail auquel on s'est soumis :
Pour récolter, que chacun de vous sème
Si vous voulez que nous soyons amis.

Et je les vois se créant des familles.
Ils choisiront des femmes bien gentilles,
— Car vivre seul est le fait d'un hibou —
Et de beaux bras entoureront leur cou.
Aimez ! aimez à la face du monde !
C'est un bonheur qui vous est bien permis :
Rendez, chacun, votre femme féconde
Si vous voulez que nous soyons amis.

Vous vous devrez cependant à vous-mêmes
De témoigner de vos regrets extrêmes,
Car vous avez longtemps prêché leur loi ;
Mais vous étiez alors de bonne foi.
Ce sont erreurs qu'il vous faudra détruire.
Mensonges, ce que vous aviez promis !
Vous aurez à le dire et le redire
Si vous voulez que nous soyons amis.

NOTES COMPLÉMENTAIRES

NOTES COMPLÉMENTAIRES

CONCERNANT

LES CHANSONS PORTANT L'INDICATION

D'UN RENVOI

Note n° 1.

LA FLOTTE RUSSE A TOULON

Le journal « *Le Temps* », du 29 septembre 1893, a publié le télégramme suivant : *L'Agence Italienne* dit que si M. Carnot se rend à Toulon pour visiter la flotte Russe, le roi Humbert ira dans quelque port italien visiter la flotte anglaise.

Note n° 2.

Guillaume à François-Joseph (service Havas). Teschen, 29 septembre 1893. — D'après la Silésie, l'Empereur d'Allemagne, arrivé à Oderberg, a adressé le télégramme suivant à l'Empereur d'Autriche. — « *Je quitte ton pays en t'adressant mes plus chaleureux remerciements pour la grande bonté et l'amabilité dont tu as fait une fois de plus preuve à mon égard, sous l'impression toute fraîche de l'admiration que m'inspirent les excellentes manœuvres exécutées par ton armée. Au moment de passer la frontière, je tiens à renouveler mes vœux les plus sincères et les plus cordiaux, à toi, à ta famille, à ton pays, à ton armée.*

Note n° 3.

Réponse de François-Joseph à Guillaume, au sujet de l'arrivée de la flotte Russe à Toulon, le 13 octobre 1893.

Note n° 4.

LES PLAINTES DES VICAIRES DE PARIS.

On lit dans le journal « *Le Temps* » 28 septembre 1893 :
Il ne se passe guère d'années sans qu'on voie reparaître dans les journaux des récriminations émanant d'écclésiastiques français, paraît-il, sur la quantité de prêtres étrangers, employés à divers titres dans le clergé paroissial de Paris. Un de nos confrères s'est fait, ces jours-ci, l'écho de ces récriminations et il a représenté certains de ces prêtres comme s'occupant plus d'espionnage que d'affaires religieuses.

Renseignements pris à l'archevêché, aucun prêtre n'occuperait, dans aucune paroisse de Paris, des fonctions fixes, payées par les fabriques ; les prêtres étrangers, employés dans différentes Eglises à la célébration d'enterrements ou de mariages, à la figuration dans les cérémonies du culte, seraient presque tous Polonais. Quant à ceux qu'on désigne comme Italiens, il faudrait se résigner à n'y voir que des Corses.

A la direction des Cultes, on a catégoriquement déclaré que si, avant 1887, dans nos provinces de l'Est, un certain nombre de prêtres allemands avaient pu exercer des fonctions rétribuées par l'Etat et, sous le couvert du Sacerdoce, pratiquer, dans une certaine mesure, l'espionnage, la loi de 1887 y avait mis bon ordre. Le gouvernement est certain que cette loi, depuis sa promulgation, n'a pas été enfreinte. Quant aux fabriques, libre à elles d'employer aux services paroissiaux, des prêtres étrangers. On a lieu de croire toutefois qu'elles n'en abusent pas et que l'espionnage exercé, à Paris, par les prêtres étrangers semble bien n'être qu'une simple légende, exploitée par les mécontents.

Note n° 5
EXTRAITE DU RECUEIL DE LA *Lice chansonnière*.

Notre Camarade RAULLOT vient de mourir subitement ; il avait écrit lui-même sa lettre de faire-part, en exprimant le désir qu'elle fût envoyée ainsi aux Sociétaires, par les soins du Président de la LICE.

Que sa volonté soit faite !
CONSTANTIN CHAMPON.

AUX CAMARADES DE LA LICE

Aujourd'hui j'ai quitté la vie ;
Demain l'on doit me renfermer
Dans la tombe où j'attends ma mie,
Et je viens vous en informer.
Venez tous, mes chers Camarades,
Me conduire au clos toujours vert,
Lieu des suprêmes embrassades,
Chez le *Voisin* d'Eugène Imbert.

C'est là que ma muse tarie
Va dormir éternellement ;
D'avance, je vous remercie,
Dans un dernier embrassement.

HIPPOLYTE RAULLOT,
de la Lice Chansonnière,
12, Rue Ginoux, à Grenelle.

On se réunira à la maison mortuaire, 12, rue Ginoux (à cinq minutes du Pont de Grenelle), le mardi 5 janvier 1892, à midi très précis, pour, de là, se rendre directement au Père-Lachaise.

Note n° 6.

Dépêche *Havas*, 26 Janvier 1892. — Aujourd'hui s'est réunie la Congrégation des rites, présidée par le Pape, pour la canonisation du vénérable Majella, rédemptoriste. La discussion a duré de dix heures du matin à midi et demi. Le Pape était en bonne santé et est resté pendant toute la séance, vers la fin de laquelle il a prononcé une courte allocution. Il a invité l'assistance à prier Dieu de l'éclairer dans la décision qu'il devait prendre pour la Béatification de Majella. Il est entré seul dans la salle ; à son arrivée, il portait un grand manteau. Il n'a gardé pendant la séance qu'une simarre blanche et une mozette rouge.

Puisque l'on est sur ce sujet, donnons les détails d'une autre canonisation, qui eut lieu le 15 janvier 1897. Le Pape, dans cette séance de la Congrégation des rites, a canonisé Fourier. Son descendant, M. Fourier de Bacourt, ancien secrétaire de la Légation de France au Brésil, a fait remettre au Saint-Siège la somme de cent mille francs, destinée en partie aux frais de canonisation du Bienheureux Fourier, et en partie aux frais de restauration de l'église de St-Nicolas des Lorrains, une des églises nationales de France, dans le quartier Ripetta, à Rome.

C'est une question palpitante que celle de la canonisation — surtout en ce moment où l'on étudie celles de Jeanne d'Arc et de Christophe Colomb. Pour celle-ci, un obstacle vient d'être tourné. Un archiviste heureux a trouvé l'acte de mariage établissant la légitimité du fils de Colomb. Elle est pourtant impossible, parce que c'est à Colomb qu'on doit l'invasion des Américains, qui, tous les ans, prostituent de leurs longs pas les nobles poussières de la Ville Eternelle.

L'église se défend, avant tout, de faire des Saints.

Elle leur donne seulement l'authenticité, la marque de fabrique qui permet à ces pieux défunts d'avoir sur terre un autel et des adorateurs, comme ils ont un tabouret aux premiers rangs, dans la Cour céleste.

La Congrégation au ministère des Rites a la charge, l'honneur et les magnifiques profits de ces procès.

Une canonisation ne coûte pas moins de deux cents à deux cent cinquante mille francs, que ce soit un Etat qui paie pour un de ses glorieux enfants, ou une famille pour l'un de ses membres, comme il a été dit plus haut, par M. Fourier de Bacourt, pour le vénéré Fourier, un de ses aïeux.

Il y a la somme principale, les cadeaux, les pourboires, les influences heureuses à soutenir et les contraires à paralyser. Certaines familles s'y sont ruinées, si bien qu'il ne leur reste que les yeux pour pleurer.

Note n° 7.
A LA MÉMOIRE DE NADAUD

Gustave Nadaud naquit à Roubaix, le 20 février 1820, et mourut à Paris, le 28 avril 1893, à 8 h. 1/2 du matin. Je le vis sur son lit de mort, la figure calme, les yeux fermés, sa tête et les mains encore chaudes.

La France perd son meilleur chansonnier, et moi un ami. Nadaud était la bonté même.

Note n° 8.

Le réveil. Deibler, exécuteur des hautes-œuvres.

Note n° 9.

Paschal Grousset avait proposé qu'on fit un trou au Champ de Mars, allant jusqu'à l'eau bouillante. Il devait être la grande curiosité de l'Exposition de 1900.

M. Paschal Grousset se faisait le parrain de l'idée d'après les récits que lui en avait faits un géologue anglais. Les opinions des savants français, MM. Berthelot, Tisserand et Adolphe Carnot étaient contraires, et le projet, pour d'autres causes encore, fut abandonné.

Note n° 10.

« *Le Times* » publie le texte de la lettre apostolique du Pape aux Catholiques anglais. Voici le résumé télégraphique de ce document.

Le Pape dit qu'il a eu grand désir d'adresser une lettre

spéciale au peuple anglais afin de donner à l'illustre race anglaise une preuve de son affection sincère. Il souhaite ardemment que ses efforts tendent à faire avancer la grande œuvre de l'union de la Chrétienté.

Après avoir cité les témoignages d'amour des souverains pontifes pour l'Angleterre depuis le temps de Grégoire, le grand Léon XIII constate les efforts faits en Angleterre pour la solution de la question sociale, l'éducation religieuse, les œuvres de charité, le repos du dimanche, le respect général pour les livres saints ; il rappelle les manifestations diverses de la puissance et des ressources de la nation anglaise ; puis il déclare que les efforts des hommes publics et des particuliers n'atteindront pas leur pleine efficacité sans la prière et les bénédictions divines.

Léon XIII affirme ensuite la nécessité de l'union entre ceux qui professent la foi chrétienne comme moyen de défense contre le progrès des erreurs modernes. Il voit avec satisfaction le nombre des sociétés d'hommes religieux et discrets qui travaillent pour la réunion de l'Angleterre à l'église catholique. Il s'adresse avec amour à tous les Anglais, à quelque communion qu'ils appartiennent, et les appelle à lui.

Pour cette cause, il compte sur l'aide des Catholiques anglais et, finalement, il accorde à tous ceux qui réciteront avec dévotion une prière indiquée à la suite de sa lettre une indulgence de trois cents jours.

(Extrait du journal « *Le Temps* » n° 12,380, 21 avril 1895).

Note n° 11.

Etienne Dolet naquit à Orléans en 1509. Helléniste, poète, imprimeur, il faut persécuté pour ses opinions philosophiques, condamné à mort par l'Inquisition, pour blasphèmes, sédition et exposition de livres prohibés et damnés. Afin de n'être pas brûlé vif, il aurait, assure-t-on, consenti à une rétractation qu'on ne peut nullement prouver. On le pendit le lendemain, 5 août 1546, et son cadavre fut livré aux flammes avec ses livres.

En 1889, un monument a été érigé à sa mémoire, place Maubert, à Paris, sur le lieu même de son supplice.

Note n° 12.

M. Ferdinand Brunetière est allé à Rome conférer avec le Pape, lui raconter toutes nos affaires, prendre de lui conseil pour les directions de la *Revue des Deux-Mondes*. Il en est revenu avec cette sentence qu'il a publiée :

« La Science a fait banqueroute. »

Note n° 13.

C'était l'opinion des Égyptiens que l'âme n'abandonnait pas le corps tant que celui-ci demeurait intact. Pour confirmer cette opinion, le roi Chéops, dit Hérodote, employa trois cent soixante mille de ses sujets, pendant vingt ans, à élever au-dessus de l'*Angusta Domus* destinée à contenir ses restes, un tombeau de pierres égal en pesanteur à six millions de tonnes. Et afin de mettre cette précieuse cendre encore plus en sûreté, on ne pouvait parvenir à l'étroite chambre qui la contenait que par une suite de passages sinueux, fermés par des pierres d'une pesanteur énorme et si soigneusement qu'il était impossible de rien voir du dehors.

Lord Byron, dans les notes du chant 1er de Don Juan, dit ceci : Lorsque Shaw entra dans cette sombre cellule, il ne trouva, ni dans le cercueil, ni sur la pierre, un seul os de Chéops.

Note n° 14.

Edmond Teulet, chansonnier, éditeur du *Grillon*. Renommé pour l'esprit délicat de ses chansons et son goût à les chanter.

Note n° 15.

Le baptême de la *Savoyarde* a eu lieu le 20 novembre 1895, à l'église du Sacré-Cœur.

Elle fut donnée par le département de la Savoie. Elle est installée provisoirement dans un beffroi en planches à quelques pas du porche de l'est.

Rappelons ses proportions : hauteur 3m60, diamètre 3m40 et son poids de 18,825 kilog., sans compter le battant de 900 kilog. et les armatures de 6,000 kilog., qui font d'elle la plus forte des cloches françaises. La cloche de Sens ne pèse que 15,000 kilog. et le bourdon de Notre-Dame 13,000 kilog. A vrai dire, elle laisse quelque chose à désirer sous le rapport de l'élégance des formes ; mais, ce qui est très regrettable, sa voix puissante n'est pas agréable. Cela vient, assurent les spécialistes, de ce que la *Savoyarde*, par suite d'une malfaçon dans la coulée, pèse plus que le poids qui lui avait été assigné. Oh ! une bagatelle ! 2,000 kilog. environ. Voilà pourquoi elle donne l'ut dièze, au lieu de l'ut grave annoncé. Pour la voir, le visiteur doit payer 25 centimes.

Note n° 16.

On lit dans le journal « *Le Temps* », sous la rubrique « *Académie de Médecine* ». Un précieux auxiliaire, pour le recrutement militaire : Le secrétaire perpétuel donne lecture d'une lettre dans laquelle M. O. de B., de Nice, annonce à l'académie qu'il est détenteur d'un secret qui permet au père de famille de procréer indifféremment et à volonté des garçons ou des filles, suivant le désir de chacun. Cette méthode — l'auteur ne la décrit pas — employée et contrôlée à plusieurs reprises, par son père d'abord, et ensuite par lui et ses parents et amis, est, écrit-il, absolument sûre et infaillible. En terminant, M. de B., qui voit les choses d'un point de vue plus élevé, remarque qu'il serait possible à la France, toujours brave et patriote, la nation généreuse qui ne recule devant aucun sacrifice, de doubler son effectif militaire en moins de vingt ans.

Note n° 17.

M. L'Abbé Charbonnel a lancé la proposition d'un Congrès

des religions à l'Exposition de 1900. Cette proposition a ému le monde religieux qui n'a pas voulu courir les chances d'un examen approfondi.

L'abbé Victor Charbonnel quitte l'église catholique ; il vient, par une lettre qu'il a adressée à l'archevêché de Paris, d'informer le Cardinal Richard de sa résolution. Nous l'avons vu, dit le rédacteur du journal *Le Temps*, il avait déjà abandonné la soutane pour revêtir la redingote noire. Il a bien voulu nous expliquer les motifs qui ont déterminé sa conduite :

« Je viens, en effet, nous a-t-il dit, d'envoyer à l'archevêque de Paris et à l'évêque de Meaux les lettres par lesquelles je les informe que je ne fais plus partie de l'Eglise et du clergé. Depuis longtemps déjà, j'étais en désaccord avec les chefs de celui-ci. Pourtant, je restais. J'aurais voulu répandre autour de moi des idées un peu plus libérales, un peu plus indépendantes que celles qu'on professe ordinairement dans les milieux catholiques. J'espérais que le clergé et que les fidèles finiraient par montrer leur désir de se dégager de l'étouffante discipline qui les opprime. Malheureusement, il me fut bientôt démontré que ni les uns ni les autres ne songeaient à réclamer leur libération.

« Je ne parvins à éveiller aucune idée d'indépendance, aucun mouvement de conscience. Il fut, dès lors, évident pour moi qu'ils ne souhaitaient nullement être délivrés du joug et qu'il était inutile d'essayer de mettre de l'air et de la lumière dans l'Eglise catholique.

« D'autres incidents se produisirent. Le Congrès des religions que nous nous efforçions de réunir à Paris, en 1900, avait reçu d'abord les plus précieux encouragements dans le clergé catholique d'Amérique et de France, et même à Rome. C'était le cardinal Gibbons qui s'était chargé de remettre entre les mains du pape le mémoire préliminaire que nous avons rédigé. Ce mémoire, dont on nous accusa réception, parvint donc bien à son destinataire. Nous pouvons dire qu'il fut lu à Rome avec intérêt et avec sympathie.

« Cependant, la féroce opposition que firent à ce projet de congrès — lequel devait, comme vous le savez, réunir à Paris tous ceux qui s'intéressent à la religion — les évêques et les archevêques français impressionna, semble-t-il, assez fortement le Vatican. Cette sympathie se changea en opposition formelle lorsqu'on apprit à Rome que, le clergé refusant de s'associer à cette belle manifestation religieuse, quelques personnalités laïques y représenteraient seules la catholicité française. On vit ou on crut voir en ceci un empiètement du laïque sur le domaine sacerdotal. Le cardinal Gibbons, sans doute par ordre de Rome, envoyait bientôt à la *Revue de Paris* une lettre dans laquelle il déclarait, contrairement, hélas ! à toute vérité, qu'il ne nous avait jamais encouragés. Ce fait n'a pas été étranger à ma détermination de quitter l'Eglise catholique.

« Il est vrai, d'ailleurs, que ma conscience religieuse n'était plus d'accord, sur plusieurs points importants, avec les dogmes catholiques. Quelques amis que j'ai conservés dans le clergé m'ont informé que diverses pages de mon livre la *Volonté de vivre*, où je me suis expliqué en toute sincérité, y avaient suscité de violentes colères. La *Vérité* s'en faisait même l'écho, il y a peu de jours. J'aurais pu attendre les mesures que les autorités ecclésiastiques semblaient décidées à prendre contre moi. J'ai préféré me mettre immédiatement d'accord avec moi-même en sortant d'une Eglise dont, moralement, j'avais cessé de faire partie. C'est ce que je viens de dire, en peu de mots, à S. E. le cardinal Richard, dans la lettre où je l'informe de ma décision. »

— Voulez-vous, demandons-nous à M. Victor Charbonnel, voulez-vous nous permettre de vous poser cette question : Restez-vous catholique ?

— Assurément non ! nous répond-il. De même que je ne

suis plus prêtre, je ne suis plus catholique. En renonçant à mes fonctions sacerdotales, j'abandonne définitivement les croyances qui ne sont plus les miennes. J'accomplis simplement un acte de foi, puisque je suis et puisque je reste chrétien.

— Et quels sont vos projets ? que devient le Congrès des religions ?

— Le Congrès des religions, il se réunira certainement en 1900. Mais son caractère sera nécessairement bien modifié. Quant à moi, je ne m'occuperai plus, désormais, que de mes études de littérature et de morale.

Note n° 18.
CIRCULAIRE D'UN PHARMACIEN

Un pharmacien de Paris a lancé une circulaire pour informer le public que des confrères sans pudeur le trompaient en lui vendant au rabais :

Des cachets de dextrine au lieu de pepsine, du sirop de sucre au lieu de sirop Gibert, du bromure de potassium au lieu d'iodure de potassium, de l'acide tartrique au lieu d'acide citrique, du bismuth mélangé d'un tiers de phosphate de chaux, de la créosote au lieu de gaïacol, de l'antipyrine mélangée avec 30 pour cent de sucre, du sulfate de quinine contenant de l'amidon.

Tandis que lui, pharmacien honnête, fait payer cher, mais donne de bons produits.

Note n° 19.

Ledoyen, restaurant renommé des Champs-Elysées.

Note n° 20.
PRÉDICATION DE SAINT PAUL

Les prédications de Saint Paul eurent lieu à Ephèse, de l'an 54 à l'an 57.

Eustache Lesueur a peint ce célèbre tableau. On en voit de lui, au Louvre, vingt-deux de l'histoire de Saint Bruno.

Note n° 21.

Le 3 octobre 1896, à 8 heures du soir, dans la cathédrale de Reims, Mgr Cartuyvels, recteur de l'Université de Louvain, l'un des prélats étrangers invités par le cardinal Langénieux, a prononcé un grand discours.

L'orateur, s'appuyant sur l'histoire, avait entrepris de démontrer que les destinées de la France ont toujours été indissolublement liées à celles de l'Eglise catholique.

Tant que la France suit les inspirations de la Vierge, la France triomphe et prospère. Les abandonn-t-elle ? elle décline. Y revient-elle ? La prospérité de la France renaît.

Le lendemain, c'était Mgr Roverie de Cabrières, évêque de Montpellier.

La Vierge Marie a toujours veillé sur la France. Elle la protège; c'est à la France à lui témoigner sa reconnaissance.

Note n° 22.

Béranger Ier, roi d'Italie. (Imité de la couronne de fer, de Catulle Mendès).

Berangarius ou Béranger Ier fut élu roi d'Italie, à Pavie, en 888, et couronné empereur par le pape Jean X, en 915.

Béranger descendait de Charlemagne.

Note n° 23.

Montariol, chansonnier, membre du *Caveau*, a légué dix mille francs à l'Académie française, pour les revenus en être, tous les deux ans, à la suite d'un concours, distribués à l'auteur de la meilleure chanson.

Elle avait d'abord accepté, puis elle a allégué que la Chanson par-ci, la Chanson par-là, qu'Elle, Académie, dans sa dignité, etc. Elle a rendu les dix mille francs aux héritiers. Attrape !

Note n° 24.

Le pape vient d'adresser au cardinal Perraud, évêque d'Autun, en réponse à une circulaire du prélat sur la discipline ecclésiastique, une lettre qui, contrairement aux usages, est écrite en français :

« Parmi les divers points que vous avez mis en relief dans votre circulaire, écrit Léon XIII, il en est un surtout qui a spontanément fixé Notre regard, comme étant la base même de la condition essentielle de la discipline sacrée : Nous voulons parler de votre paragraphe sur l'esprit d'obéissance et de soumission au Siège apostolique et à l'autorité épiscopale. En attirant sur ce sujet l'attention de vos prêtres, vous avez voulu, et cela avec beaucoup de raison, les prémunir contre cette fièvre d'indépendance et de liberté effrénée, qui a envahi la société moderne, et menace de l'ébranler jusque dans ses fondements. De l'esprit d'obéissance et de discipline sortira, comme son fruit naturel, cette union des cœurs et des volontés tant recommandée par le divin Sauveur et si indispensable dans des temps où nous voyons nos ennemis se coaliser et s'unir de plus en plus contre Dieu, son Eglise et son Christ.

Au reste, nous savons que Nos précédentes instructions sur ce point sont de mieux en mieux comprises par la majorité des catholiques de France ; et, s'il en reste un certain nombre en qui la lecture de certaines feuilles publiques entretient encore des tendances opposées, il nous est permis d'espérer qu'éclairés d'en haut, eux aussi finiront par accepter dans leur entier les enseignements du Vicaire de Jésus-Christ. Sur ce chef comme sur tout le reste, il appartient aux prêtres de donner le bon exemple.

Qu'ils se montrent donc, eux surtout, fils d'obéissance. Et jusque dans l'exercice de leur zèle pour le Dieu de la religion et des âmes, qu'ils n'entreprennent aucune œuvre nouvelle en dehors de la direction de leurs évêques. Qu'ils se tiennent en garde contre l'esprit et les habitudes du siècle. »

Note n° 25.

Jenner, médecin anglais, a découvert le vaccin, (1749-1823).

Note n° 26

A la mort du Comte de Paris, M. de Rothschild, en signe de deuil, a empêché ses chevaux d'aller aux courses.

Note n° 27.

Notre malheureux ami Echalié ne devait pas se relever de cette maladie. Il mourut le 28 décembre 1898, à Champigny (Seine), au milieu de grandes souffrances et ayant conservé son sang-froid jusqu'à la fin.

Ses obsèques furent purement civiles.

Deux discours furent prononcés sur sa tombe. L'un par Viel-Lamare, président du Caveau, et l'autre par Ernest Chebroux, Président de *La Lice*.

Echalié faisait partie des deux célèbres Sociétés.

Note n° 28.

Les journaux du 1ᵉʳ mars 1899 ont apporté la nouvelle que le glorieux Sirdar Kitchener, général des troupes anglaises, qui porte la civilisation *au Soudan*, avait fait ouvrir le tombeau du Mahdi et retiré au jour le cadavre embaumé du Prophète.

Il lui fit couper la tête, et cette tête fut donnée en gage de vengeance posthume, au Major Gordon, neveu du célèbre gouverneur, qui avait été vaincu et tué par le Mahdi.

Ensuite les officiers qui accompagnaient le Sirdar se partagèrent comme trophée de victoire, les ongles intacts du Mahdi, et quand ils eurent terminé leur travail de mutilations macabres, d'autres portions du corps furent envoyées en Angleterre. Le reste fut jeté dans le Nil.

Les Anglais indignés ont fait faire une enquête sur place. Les demi-aveux, les atténuations de Lord Kitchener prouvent que la nouvelle était vraie.

La Fère. — Imprimerie BAYEN, 13, rue Neigre.

TABLE DES MATIÈRES

Préface 5

A

Abbé Philippot (l'), curé de Plomion. 260
Académie (l') et le legs Montariol *(note n° 23)* . . 248
Académie de Médecine inquiète (l') 56
Amis ingrats 141
Anglais (les) au Soudan *(note n° 28)*. 297
Avocat socialiste 168

B

Bavarde (la) 170
Bellot (quatrain) 190
Béranger Ier et Jean X *(note n° 22)* 213
Bon Dieu (le) s'amuse *(note n° 25)* 266
Brunetière à la Sorbonne 45

C

Ça me serait bien égal de vieillir 237
Canonisation (la) de Majella *(note n° 6)*. 30
Carnoy (Henry) 103
Ce n'est pas le moment 43
Ce qu'il ne faut pas faire 279
C'est comme chez nous 69
C'est un garçon qui n'aura jamais rien *(note n° 19)*. 156
Chebroux et le Rossignol. 9
Chebroux à Etreux 67
Chirurgiens (les) 97
Circulaire d'un pharmacien (la) *(note n° 18)*. . . 144

Comment on se place au théâtre 89
Congrès (le) des religions (*note n° 17*) 137
Conseil municipal de Paris (le) 151
Conseils à un jeune chansonnier 7
Conseils à un jeune poète 59
Conseils d'une mère à sa fille (ma chère enfant, etc.). 175
Conseils d'une mère à sa fille (suis mon exemple) . 246
Conseils d'une mère à son fils 28
Conseils d'un père à son fils. 119
Curé (le) qui devient évêque 61

D

Dans l'autre hémisphère. 208
Dans le monde 153
Dernière incarnation de Titine. 273
Dialogue avec une momie (*note n° 13*) 107
Divorce refusé 51
Dolet (Etienne) (*note n° 11*) 85
Donnons des enfants à la France (*note n° 16*). . . 134

E

Echalié (Jules) et ses médecins (*note n° 27*) 257
Education d'un fils (l') 201
Enfants de Paris (les). 95
En route pour Paris 101

F

Face humaine (la) 294
Fêtes religieuses de Reims (les) (*note n° 21*) . . . 198
Fin du XIXᵉ siècle (la) 158
Flotte Russe à Toulon (la), riposte du roi Humbert
   (*note n° 1*) 13
Flotte Russe à Toulon (la), Guillaume à François-Joseph
   (*note n° 2*). 18

TABLE DES MATIÈRES

Flotte Russe à Toulon (la), réponse de François-Joseph
à Guillaume (*note n° 3*) 18
Force des légendes (la) 124

G

Grousset (Paschal) et son trou (*note n° 9*) 79
Gens de bien (les) et les gens moins bien 215

H

Homme et le loup (l'). 41

I

Il faut aimer ses amis 48
Il faut arriver le premier 122
Institut Pasteur (l') 114
Insuccès d'une mission (l') 192

J

Je m'en irai sans avoir rien compris. 116
Jubilé de Monseigneur Richard (le) 206
Jolly (Auguste) 231

L

La Fontaine (sonnet) 113
Léon XIII et Ferdinand Brunetière (*note n° 12*) . . 87
Léon XIII malade 217
Lettre à une amie de couvent 233
Lettre de Léon XIII aux Anglais (*note n° 10*) . . . 81
Lettre de Léon XIII au cardinal Perraud (*note n° 24*). 258
Laissez-moi prier Dieu 229

M

Mains suppliantes (les) 221
Maison Majorelle (la) 147
Meilleur monde (le) (*note n° 26*) 270
Mémoire de Gustave Nadaud (à la) (*note n° 7*) . . 35
Messe (à la) 126
Mistral 149

Mon dernier mot 281
Monument de Gustave Nadaud (le) 173
Monseigneur l'Evêque. 182
Mort d'Hippolyte Raullot (*note n° 5*). 24
Muse sans le savoir (la). 189

N

Ne chantez pas plus haut que votre voix . . . 256
Ne laissez pas entrer ma femme 105
Nicolas (Georges) quatrain 191
Non ! jamais. 37
Notre-Dame de Liesse. 72
Notre-Dame de Lourdes triomphante. 118
Notre-Dame de Lourdes, en décadence 120
Nouveaux venus dans la commune 11

O

Oui, ma femme. 75

P

Pauvre petit ! 250
Pas si bien qu'en Angleterre 26
Plaintes de Calino (les) 83
Plaintes d'une bonne (les) 163
Plaintes d'une dame (les). 161
Plaintes d'un marchand de vin (les) 20
Plaintes d'un pharmacien (les). 89
Plaintes des poètes contemporains (les) 210
Plaintes des vers du tombeau (les). 240
Plaintes des Vicaires de Paris (les) (*note n° 4*) . . 22
Plaintes des Vicaires du diocèse d'Arras (les) . . . 242
Poète qui veut faire parler de soi (le). 188
Pose (la) 198
Prédication de Saint Paul à Éphèse (*note n° 20*) . . 184

Q

Quand c'est trop cher. 83

R

Remèdes préventifs (les)	268
Reproches d'un fils à son père	93
Reproches d'un père à son fils	91
Retour du voyageur (le)	235
Réveil (le) (*note n° 8*)	54
Romains de la décadence (les)	130
Ruiné par ostentation	204

S

Saints de la cathédrale de Reims (les)	166
Savoyarde du Sacré-Cœur (la) (*note n° 15*)	132
Si nous n'étions pas là ?	186
Socialistes (les)	77
Si pieux !	227

T

Teulet (Edmond) et ses chansons (*note n° 14*)	109
Tout en façade	244
Tout va pour le mieux	128

U

Un beau mariage	224
Un gentil ménage	178
Une fille à marier	253
Un jeune homme présenté	563

V

Vérité (la)	99
Vieux Moulin de Molain (les)	111
Voleurs délicats (les)	65

Z

Zola (Emile) devant l'Académie	63

Notes complémentaires concernant les chansons portant l'indication d'un renvoi. 283

La Fère. — Imp. BAYEN, 13 rue Neigre

www.ingramcontent.com/pod-product-compliance
Lightning Source LLC
Chambersburg PA
CBHW071251160426
43196CB00009B/1251